Ce Livre Appartient à :

Page Test Couleur

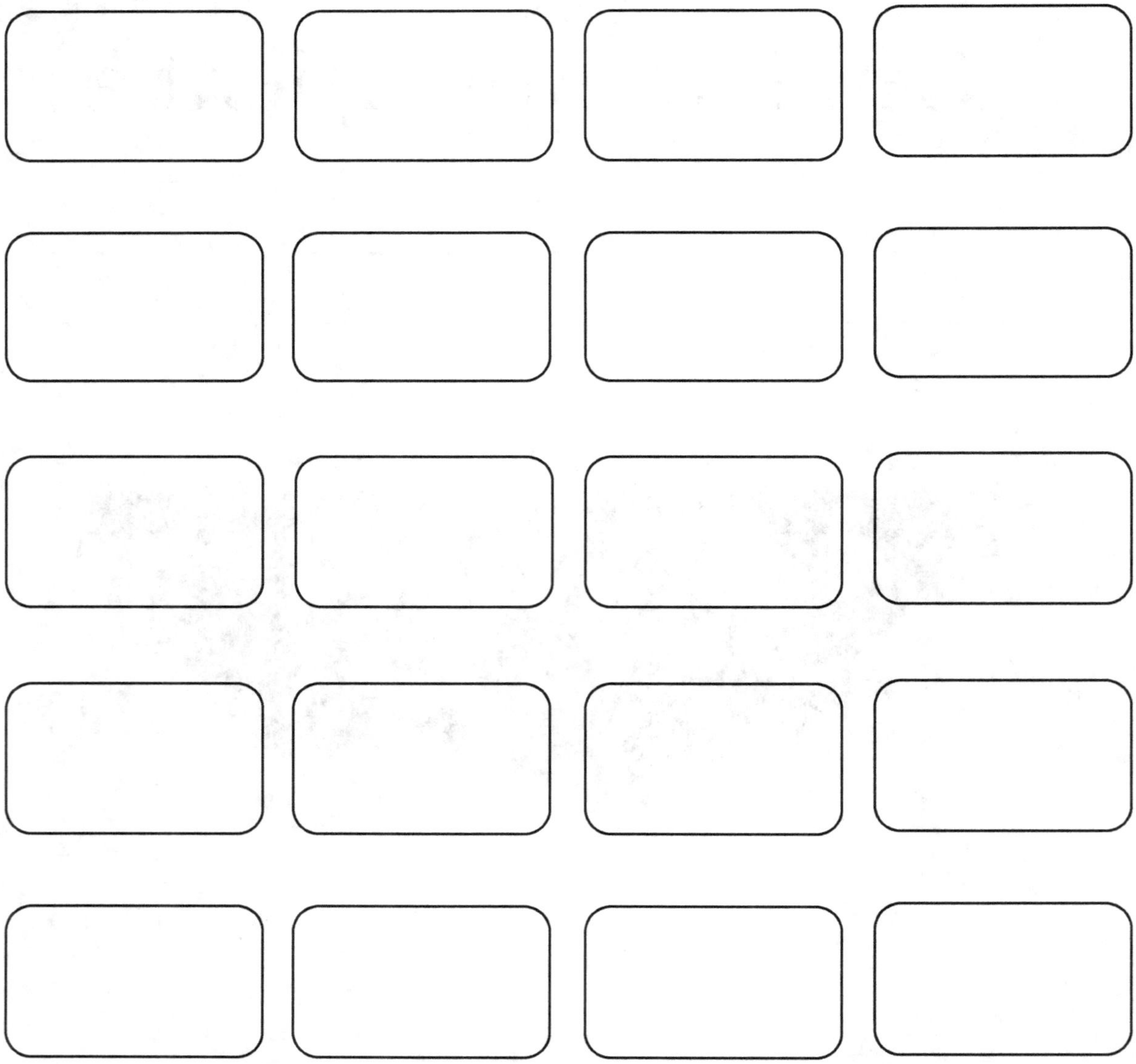

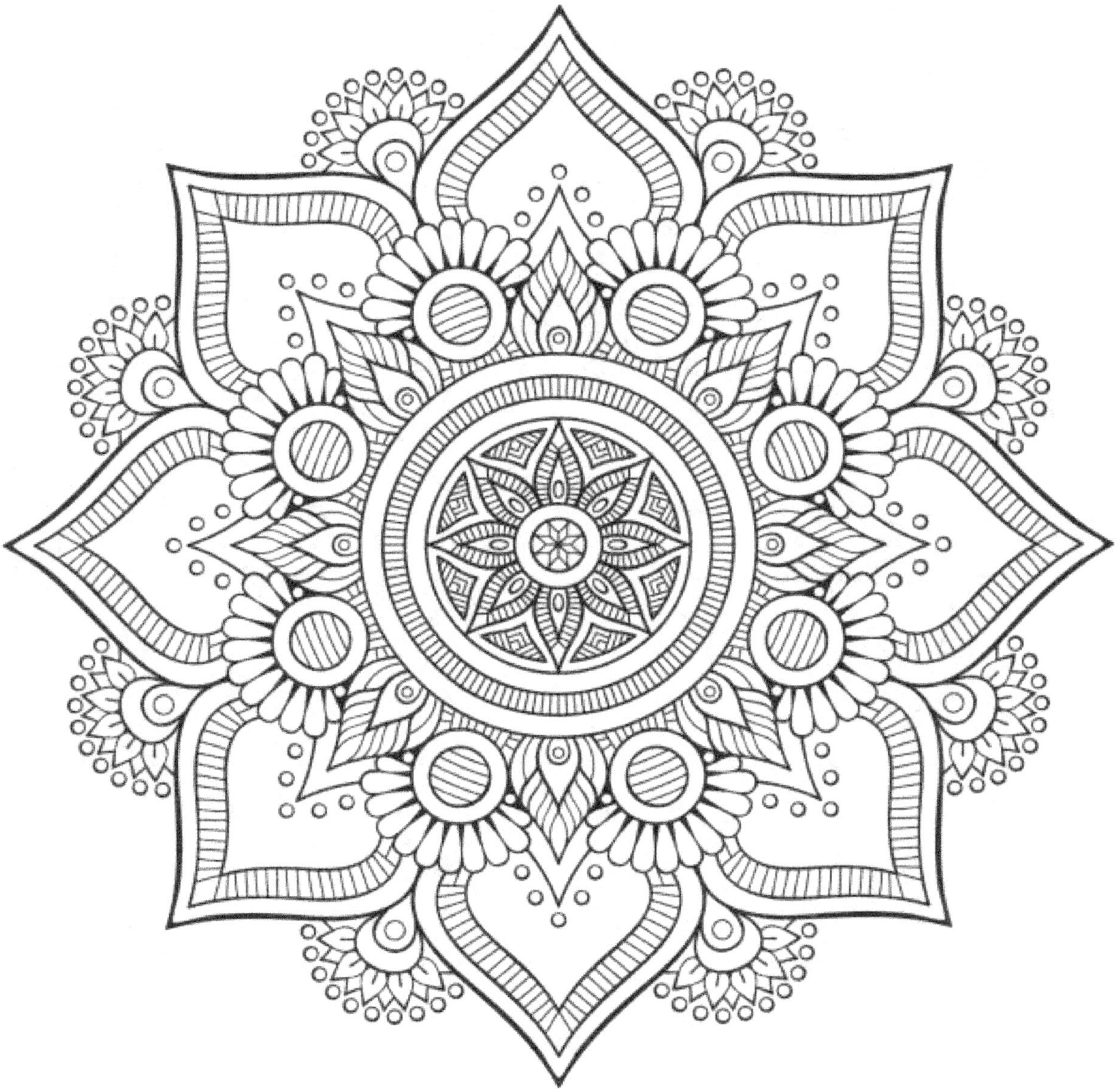

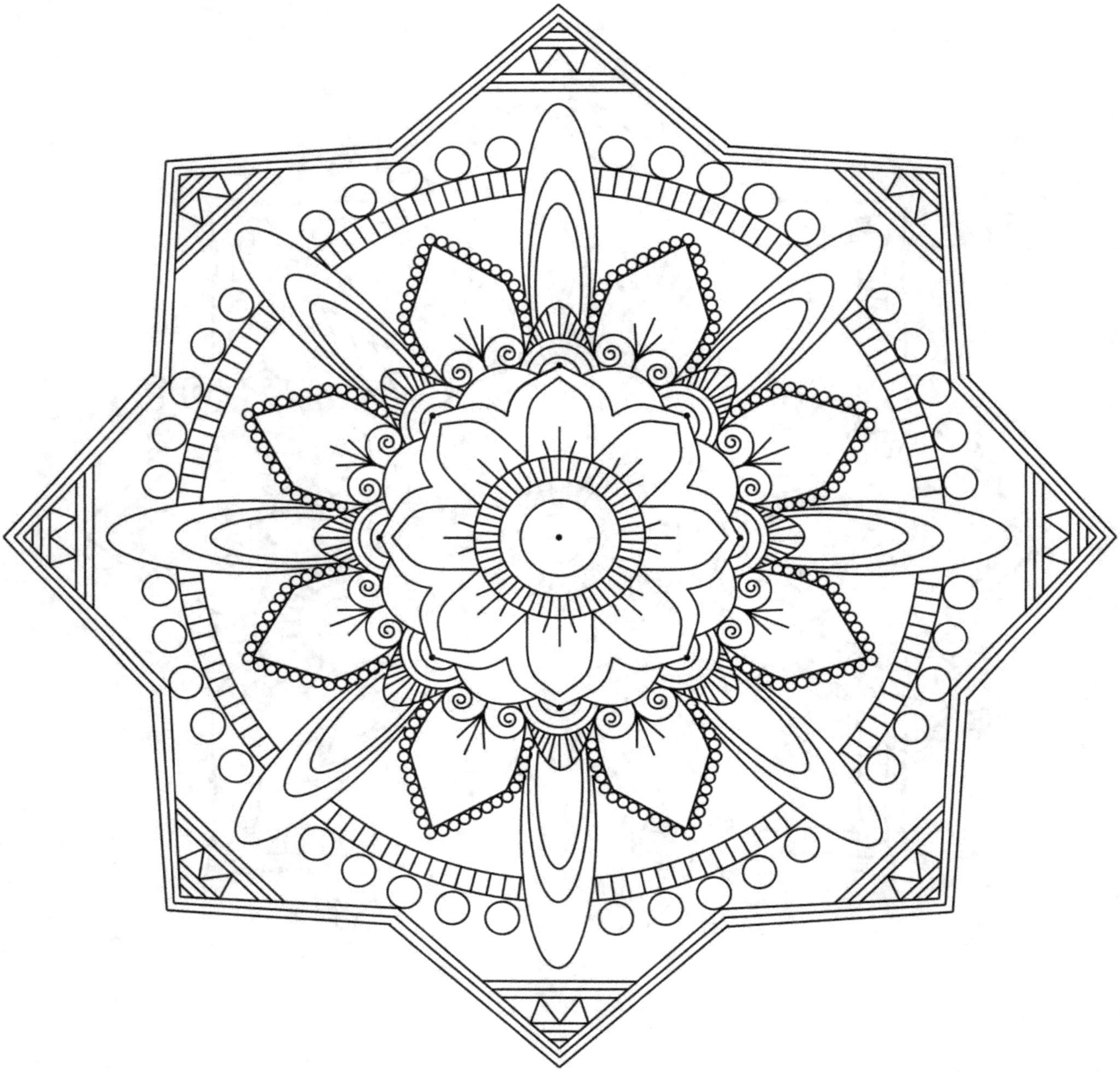

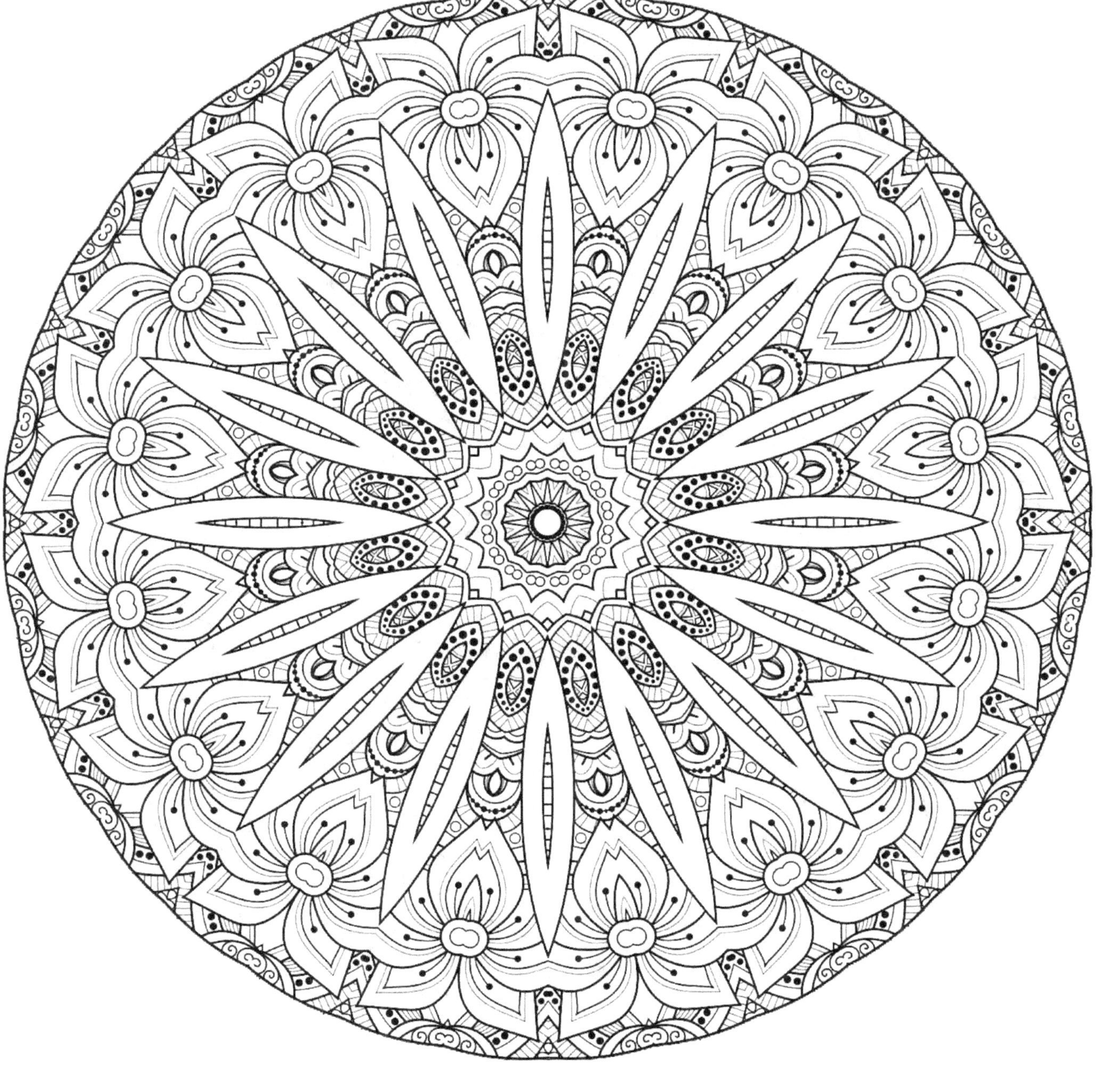

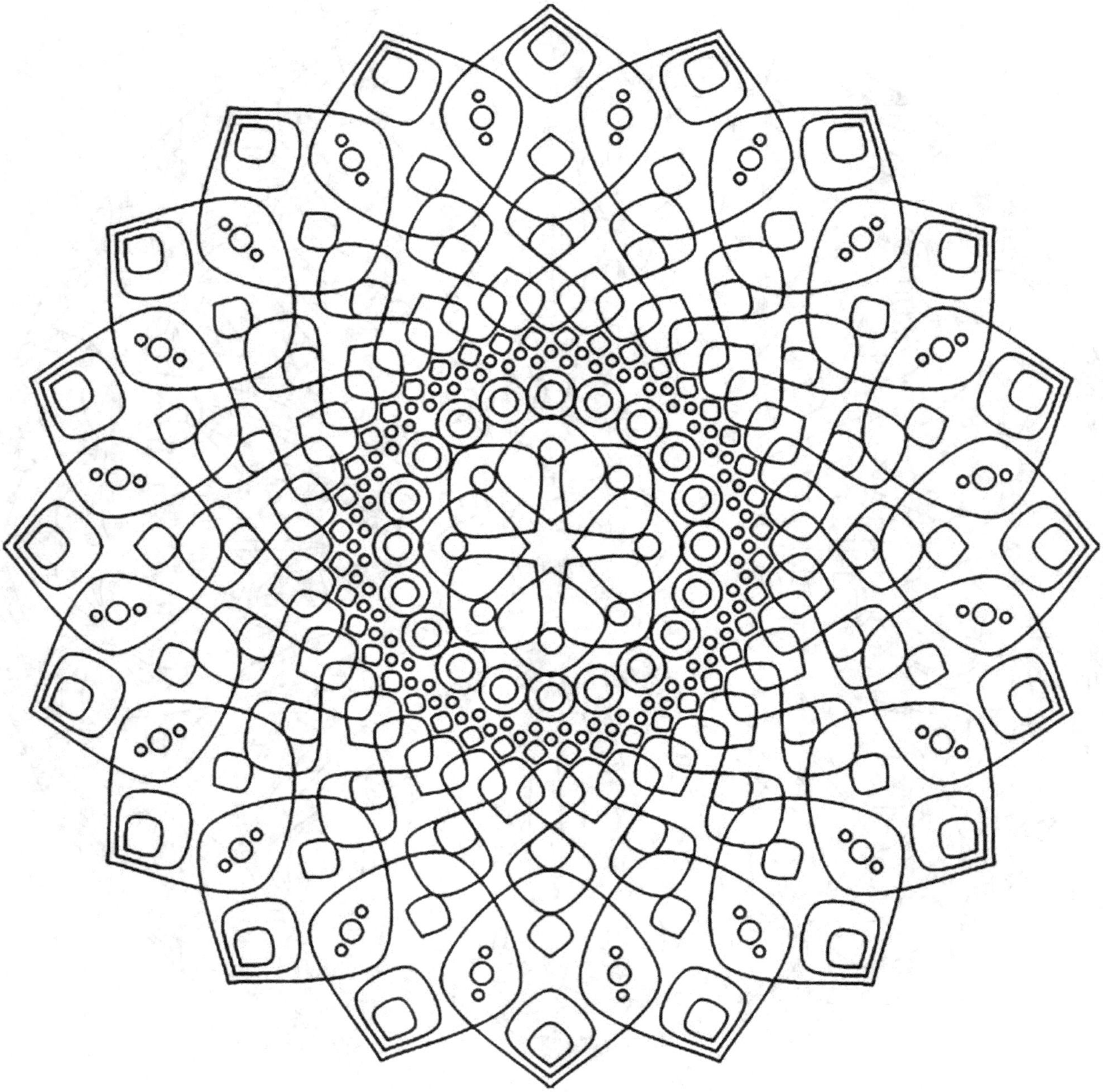

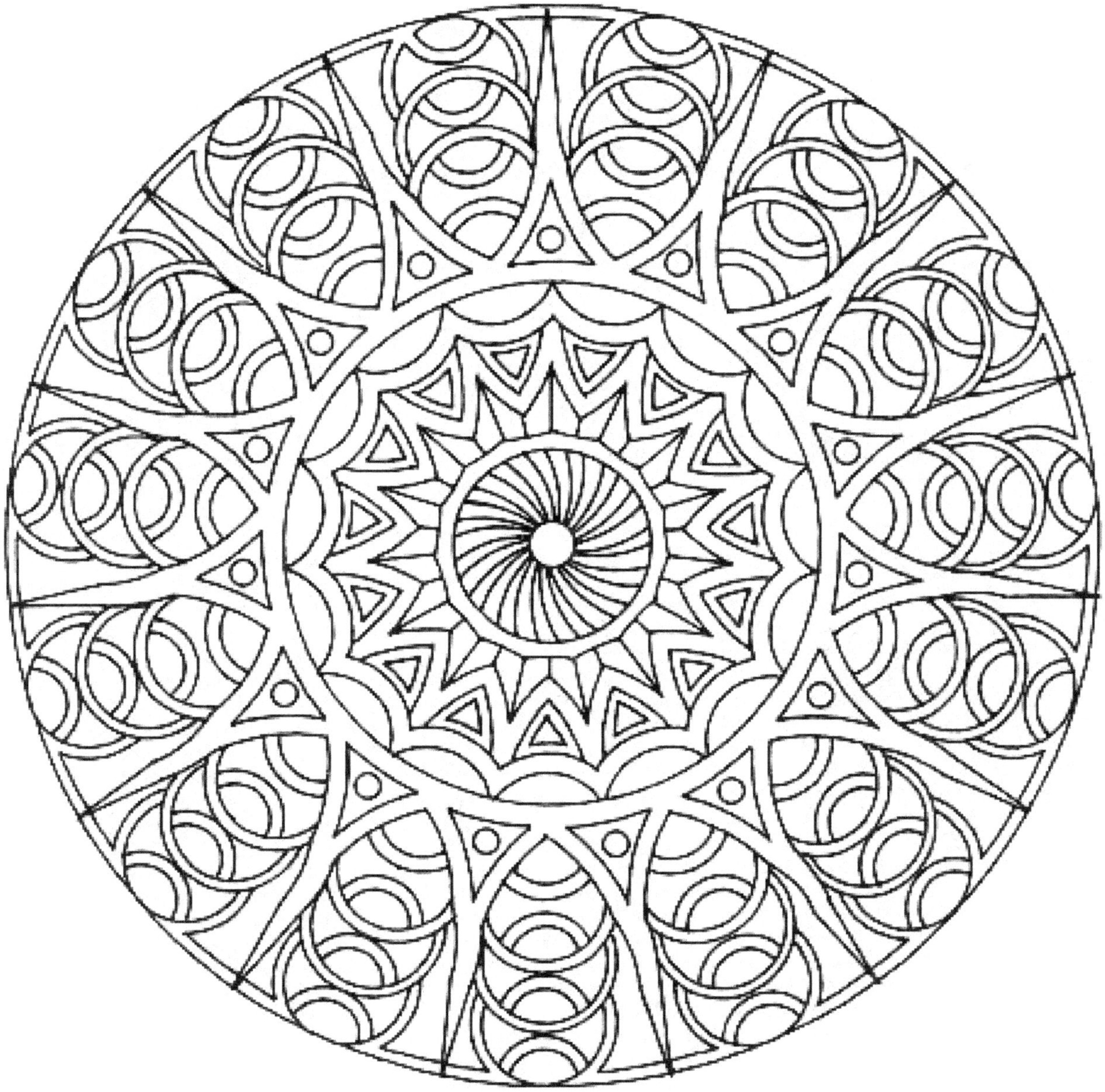

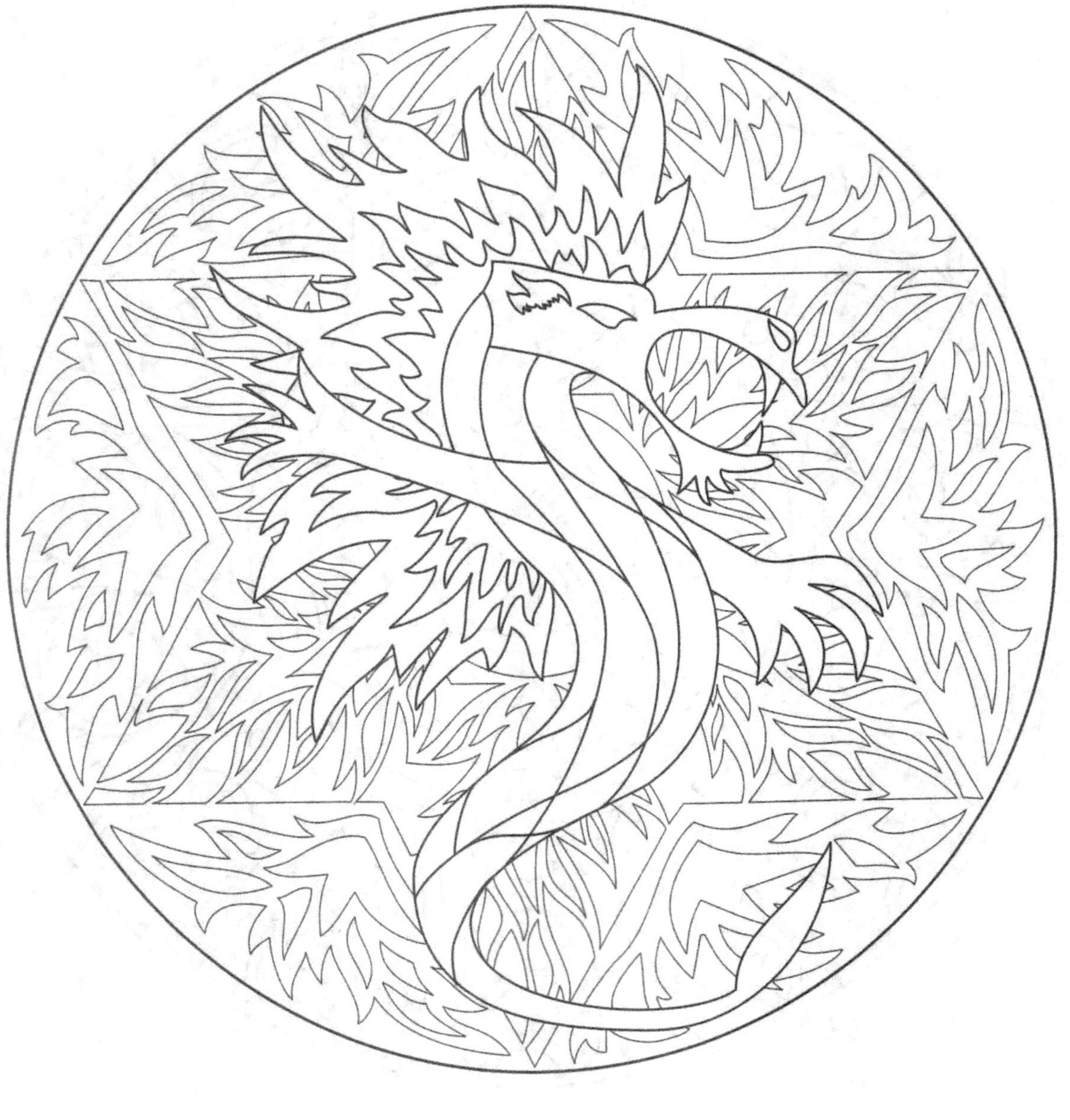

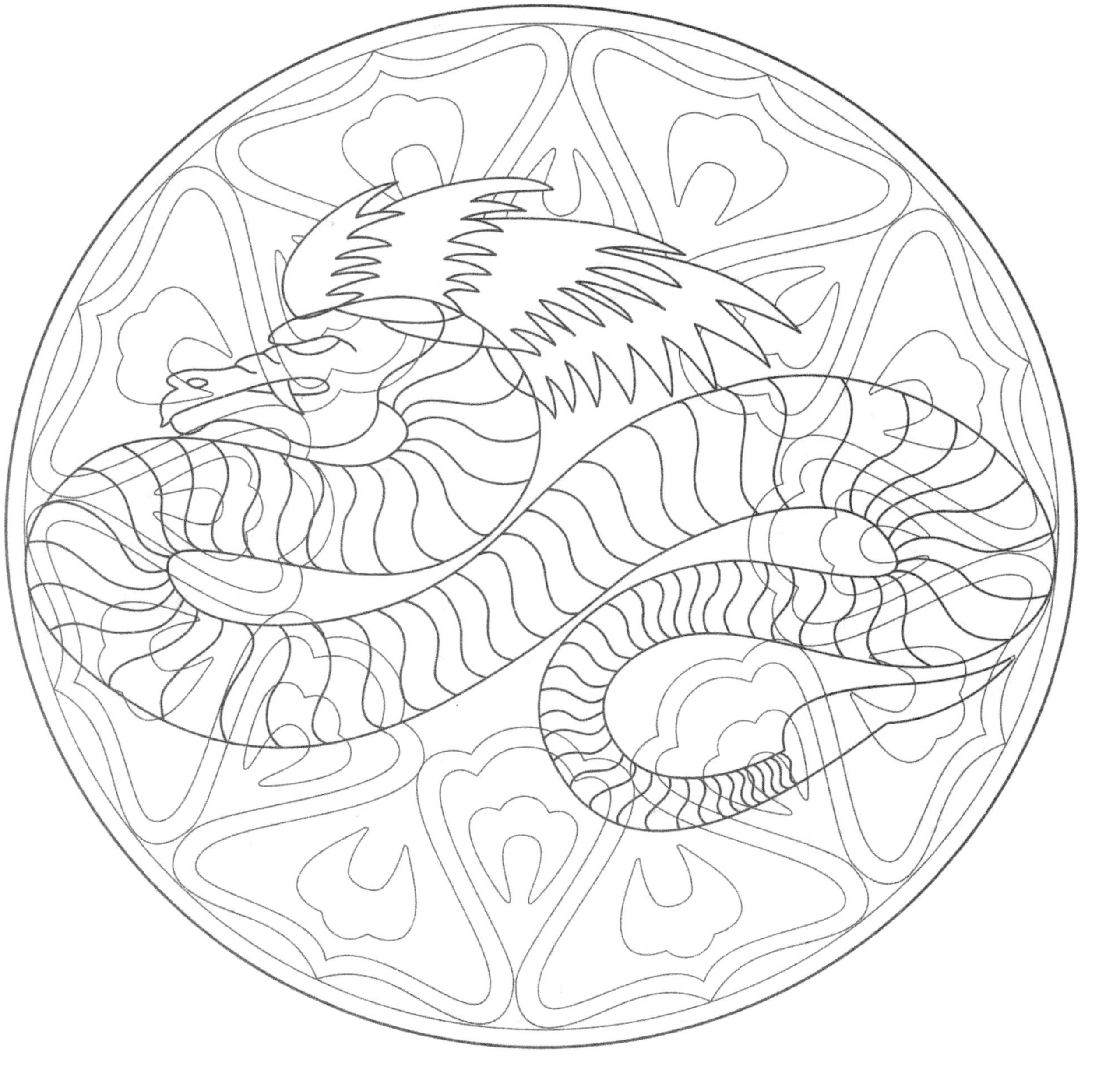

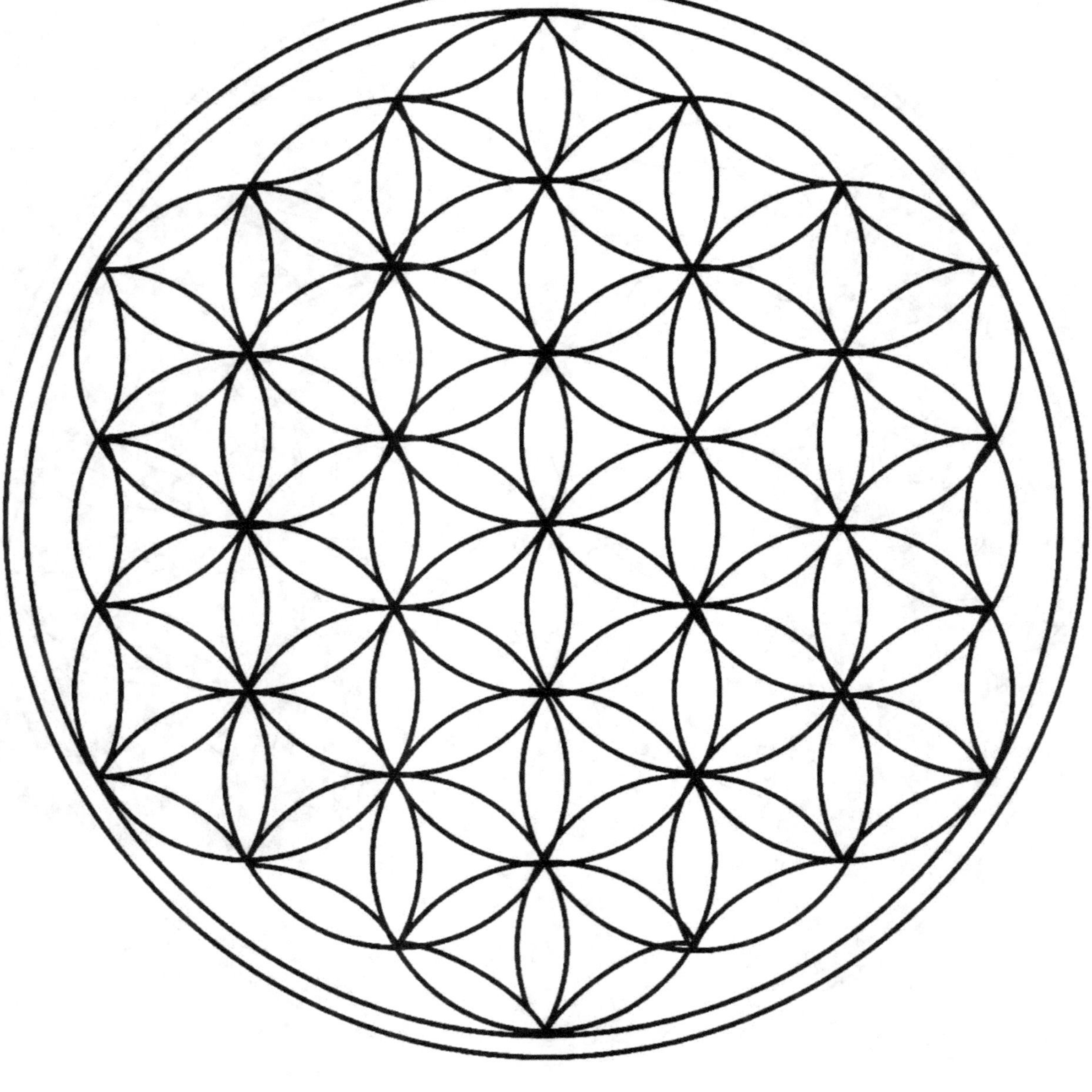

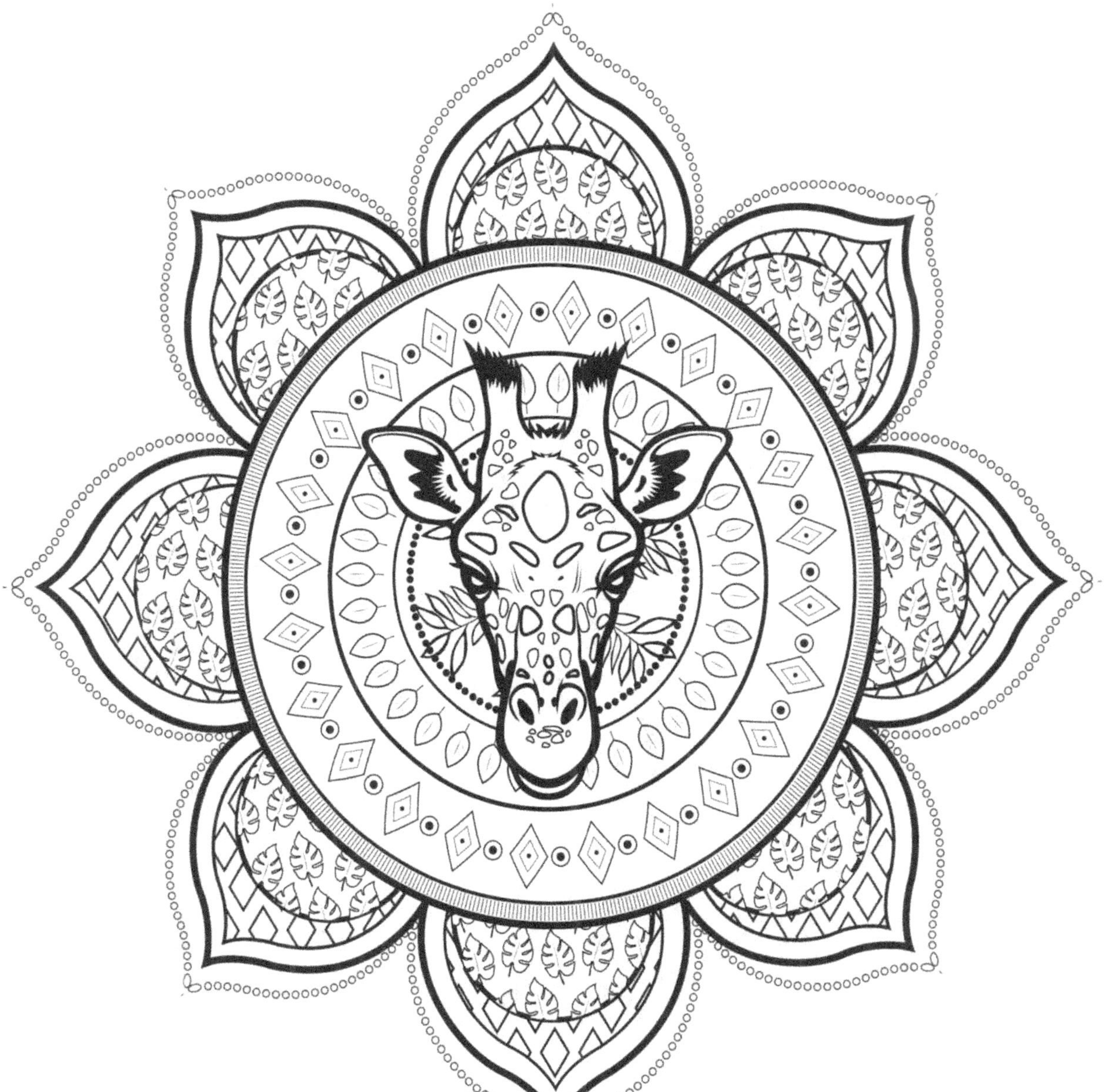

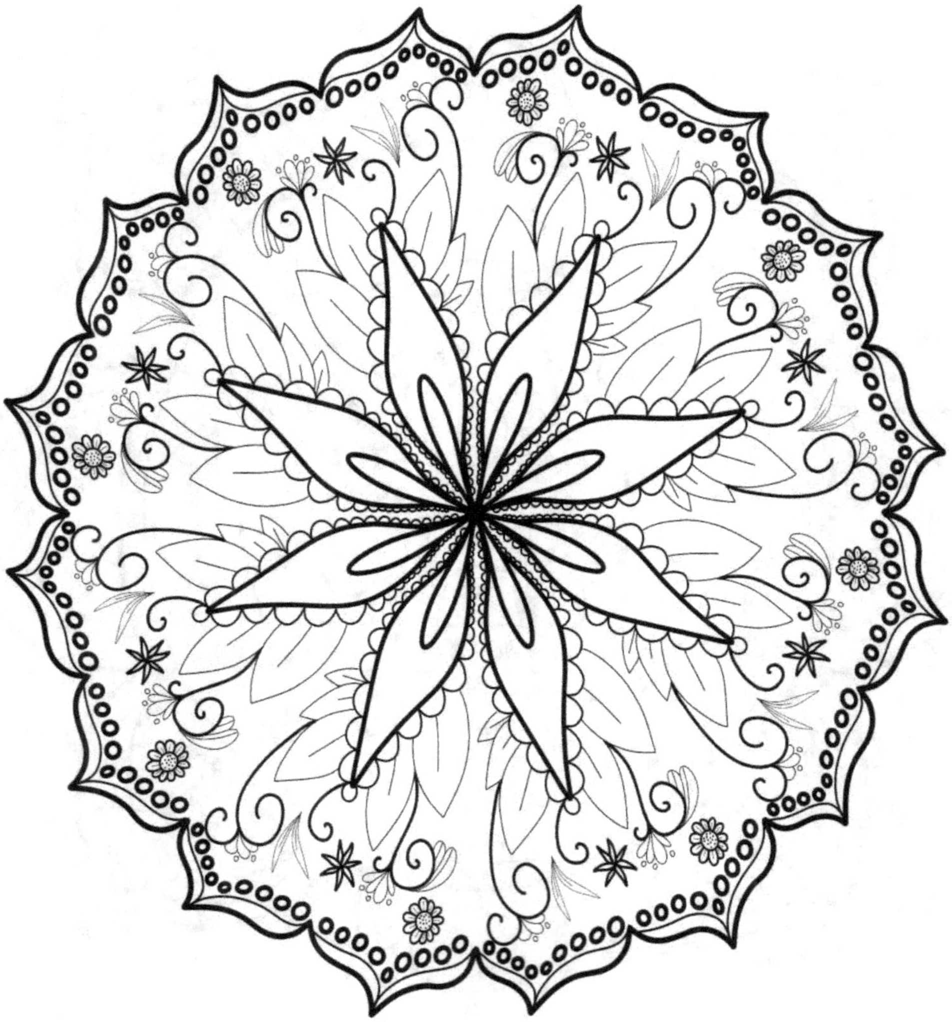

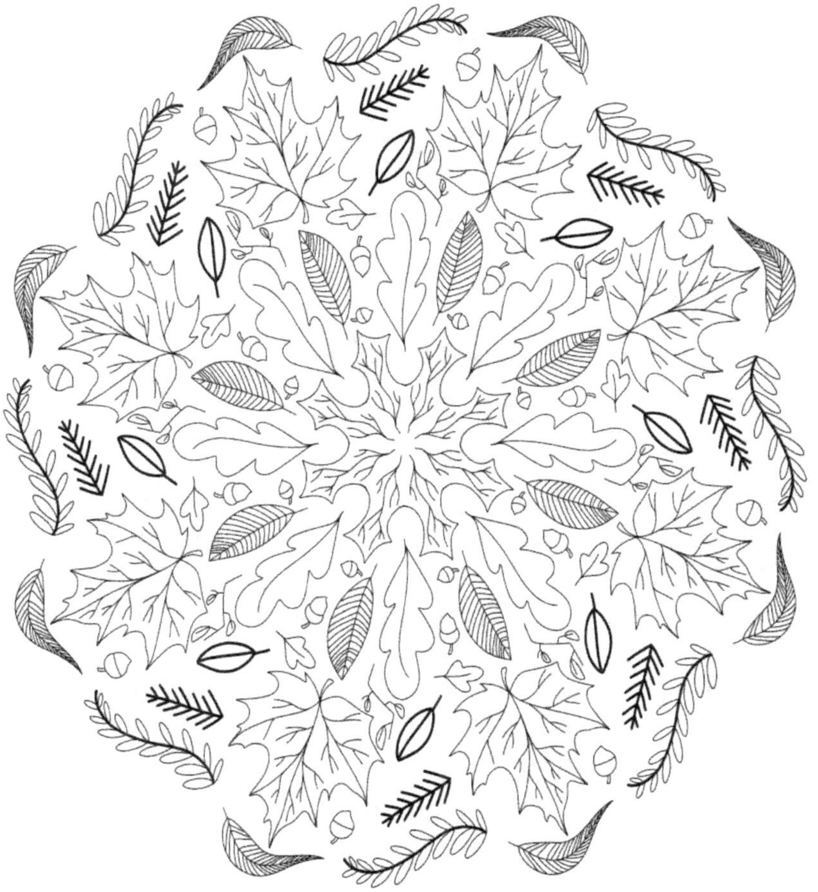

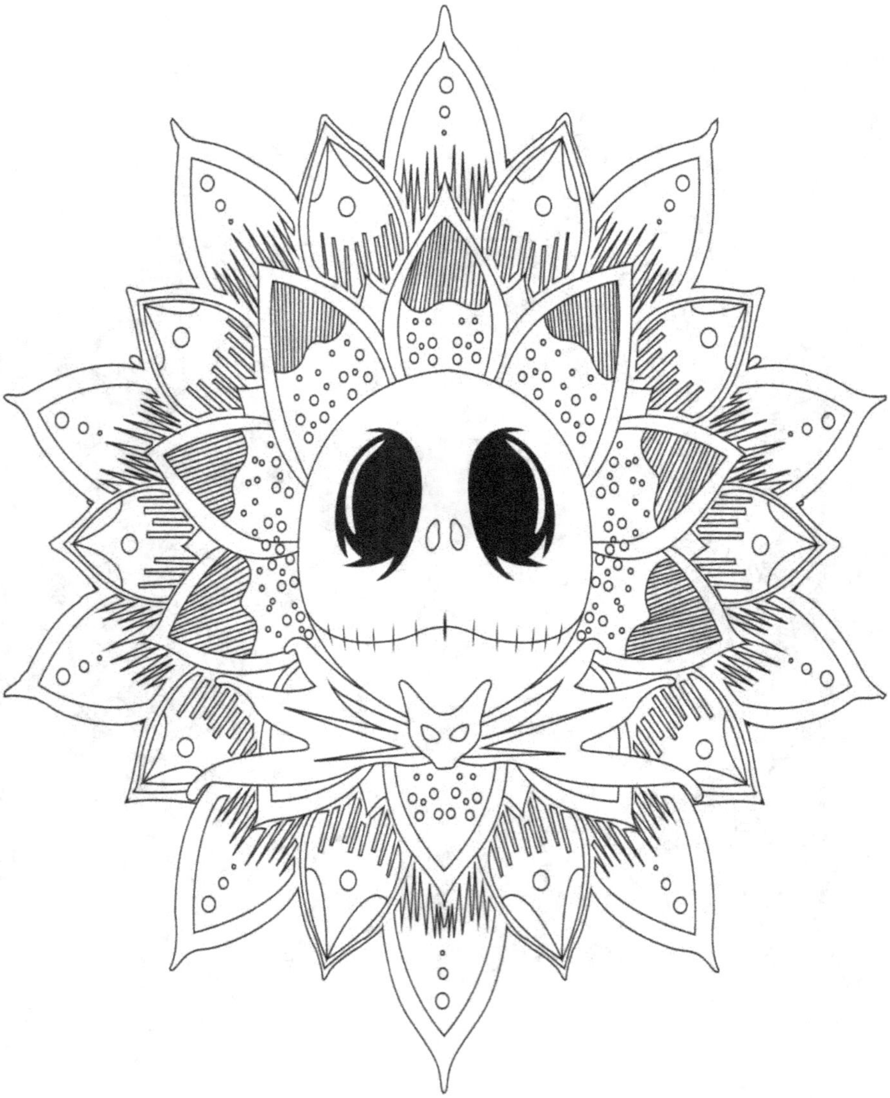

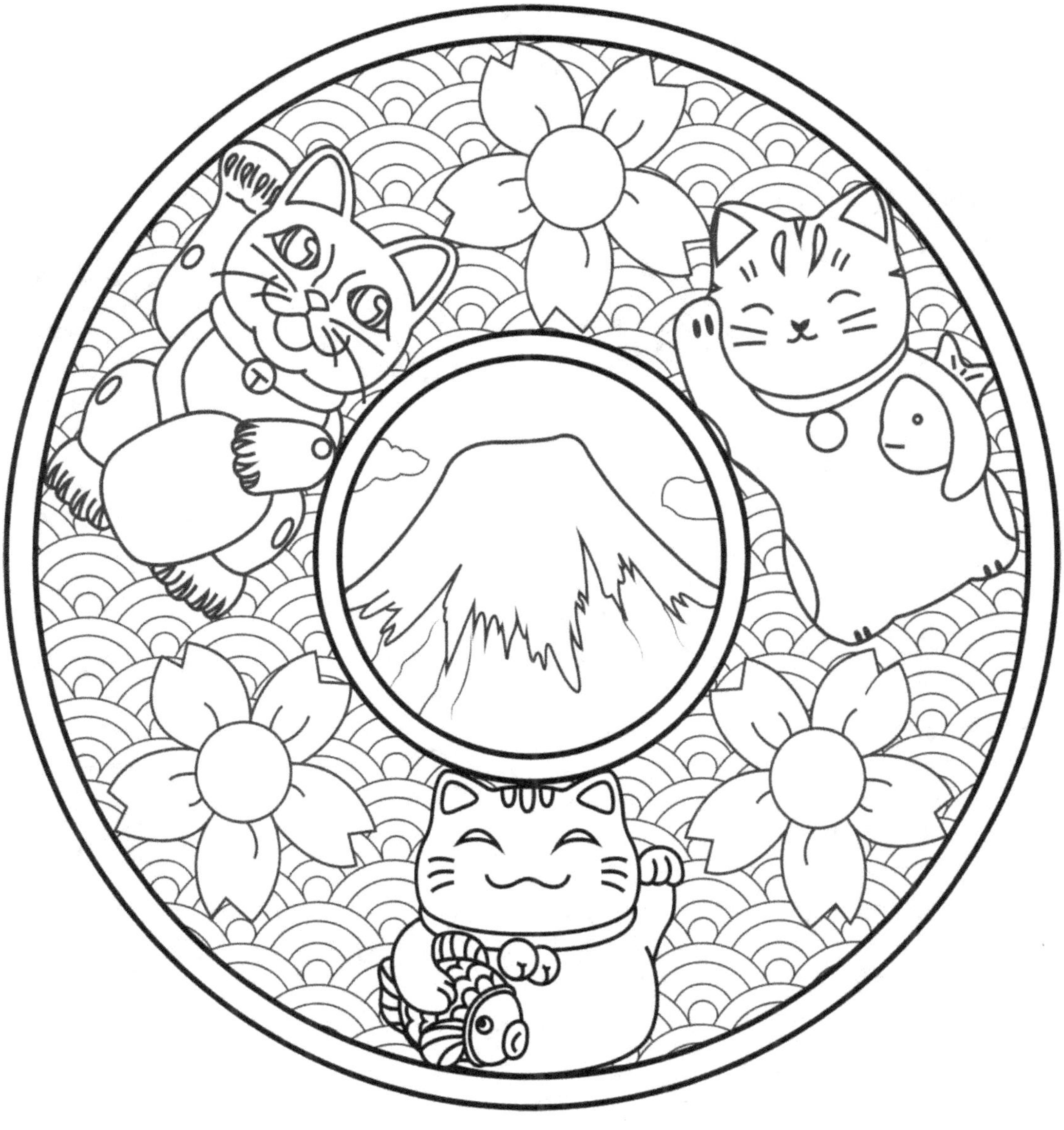

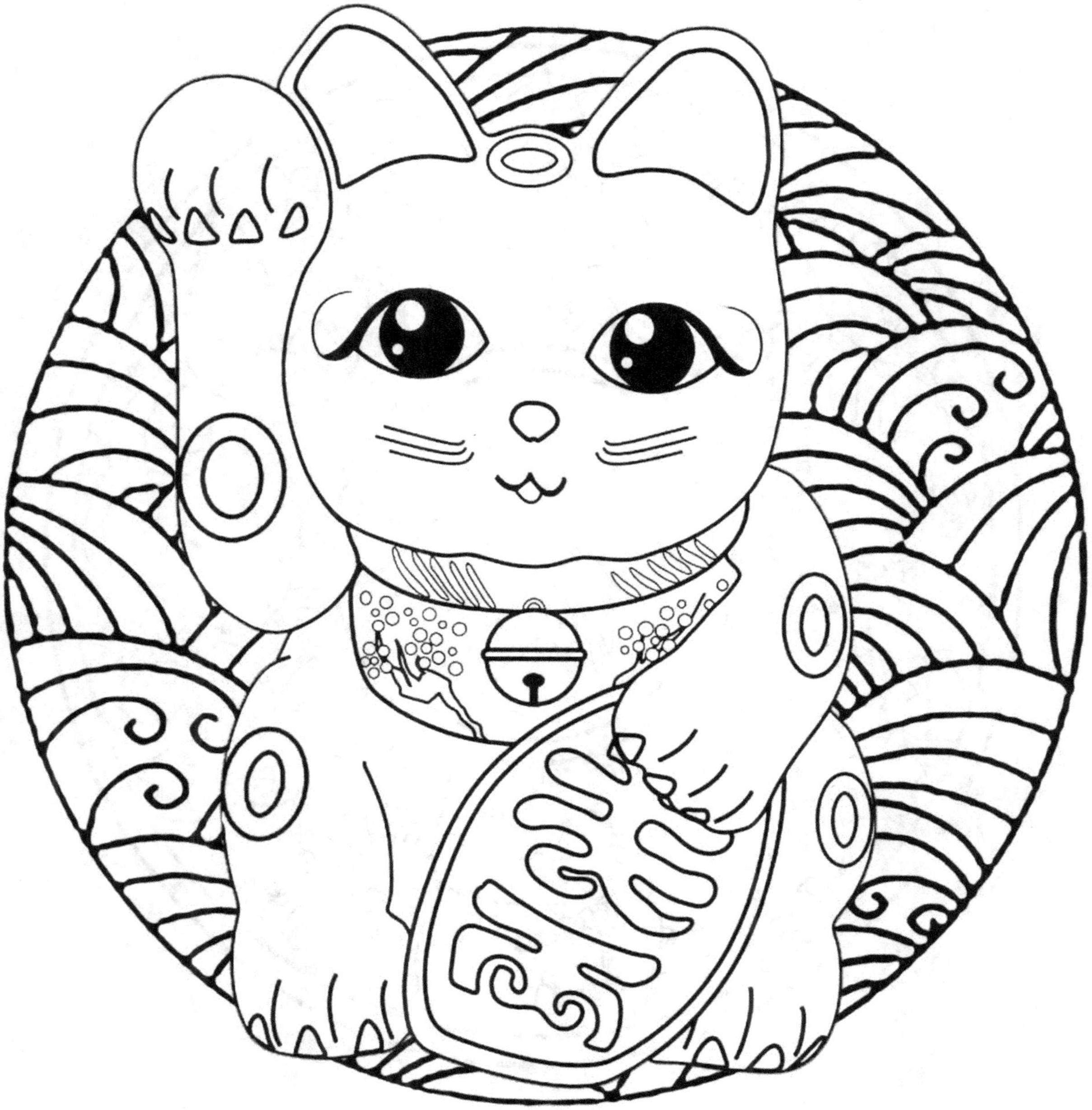

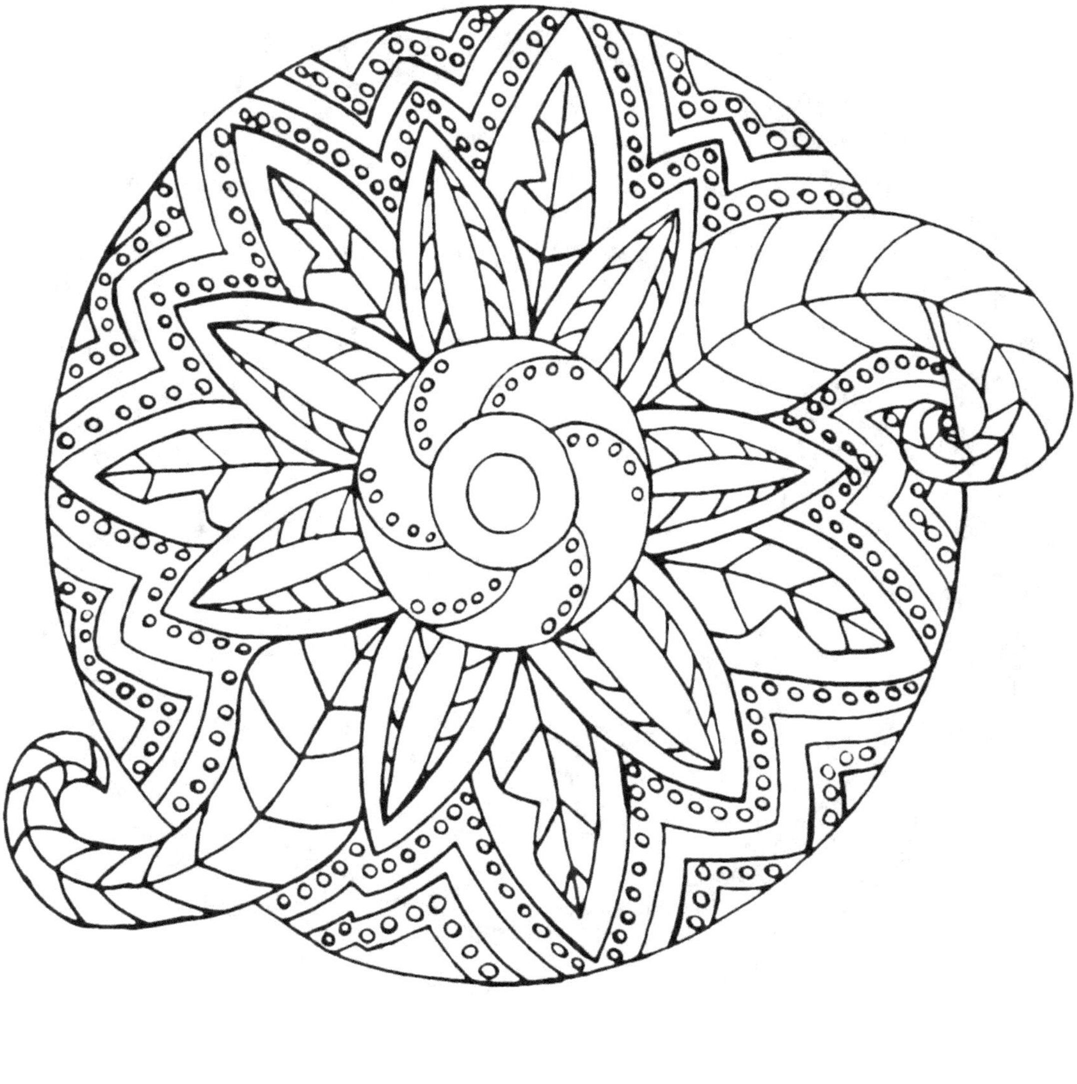

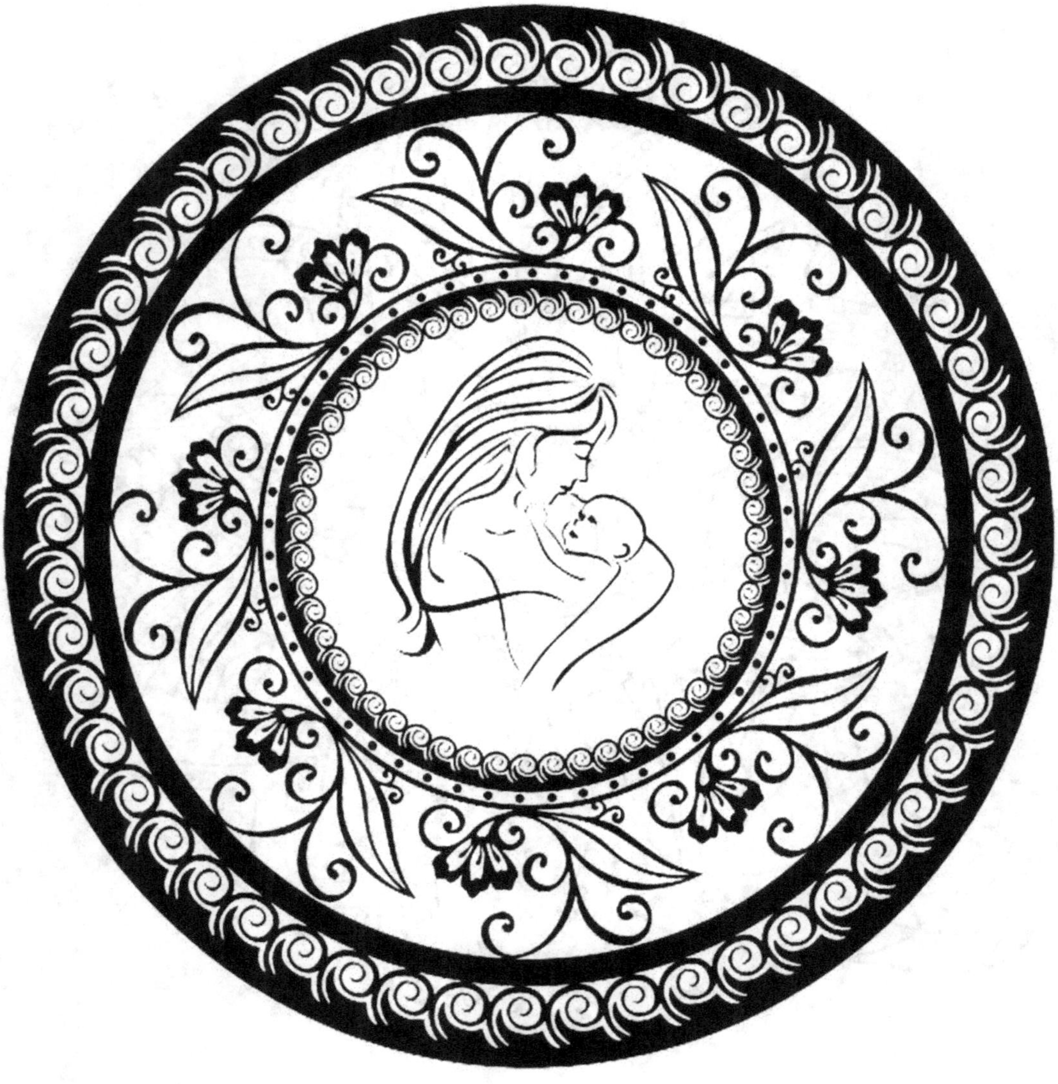

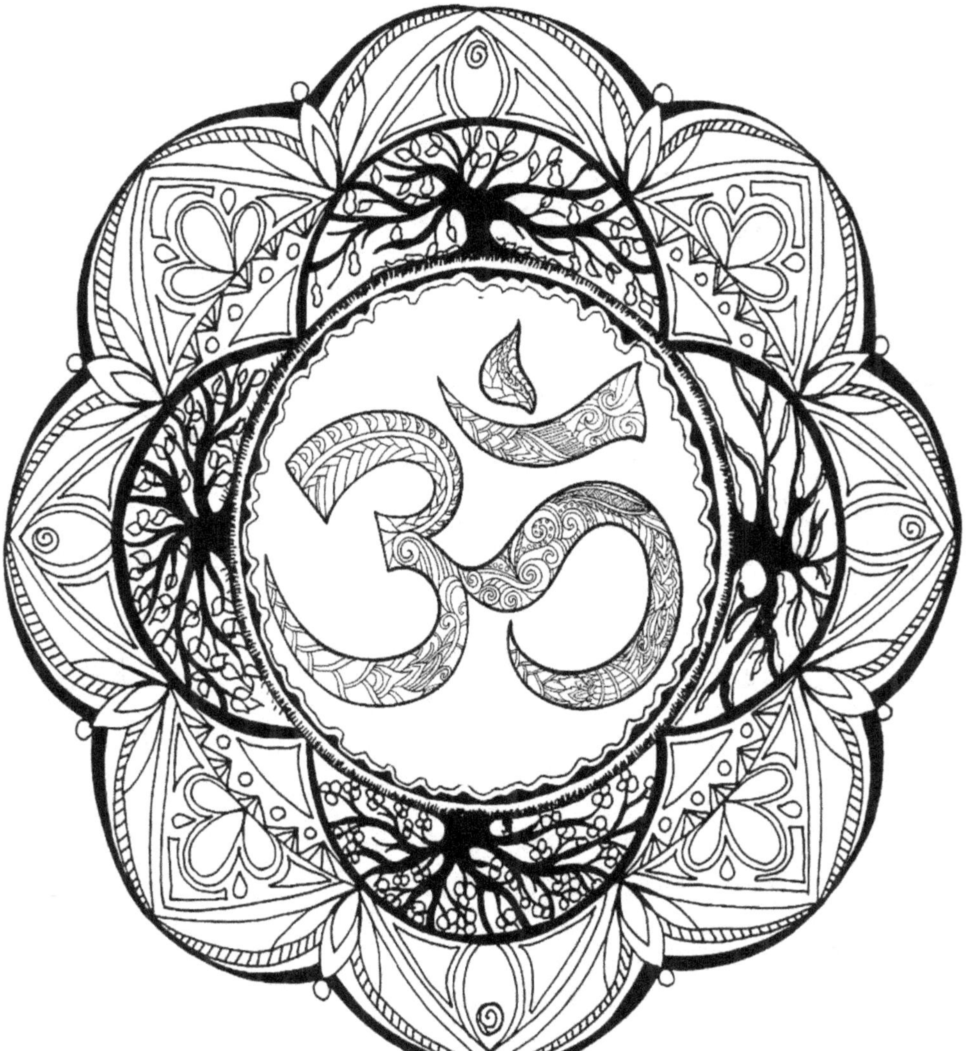

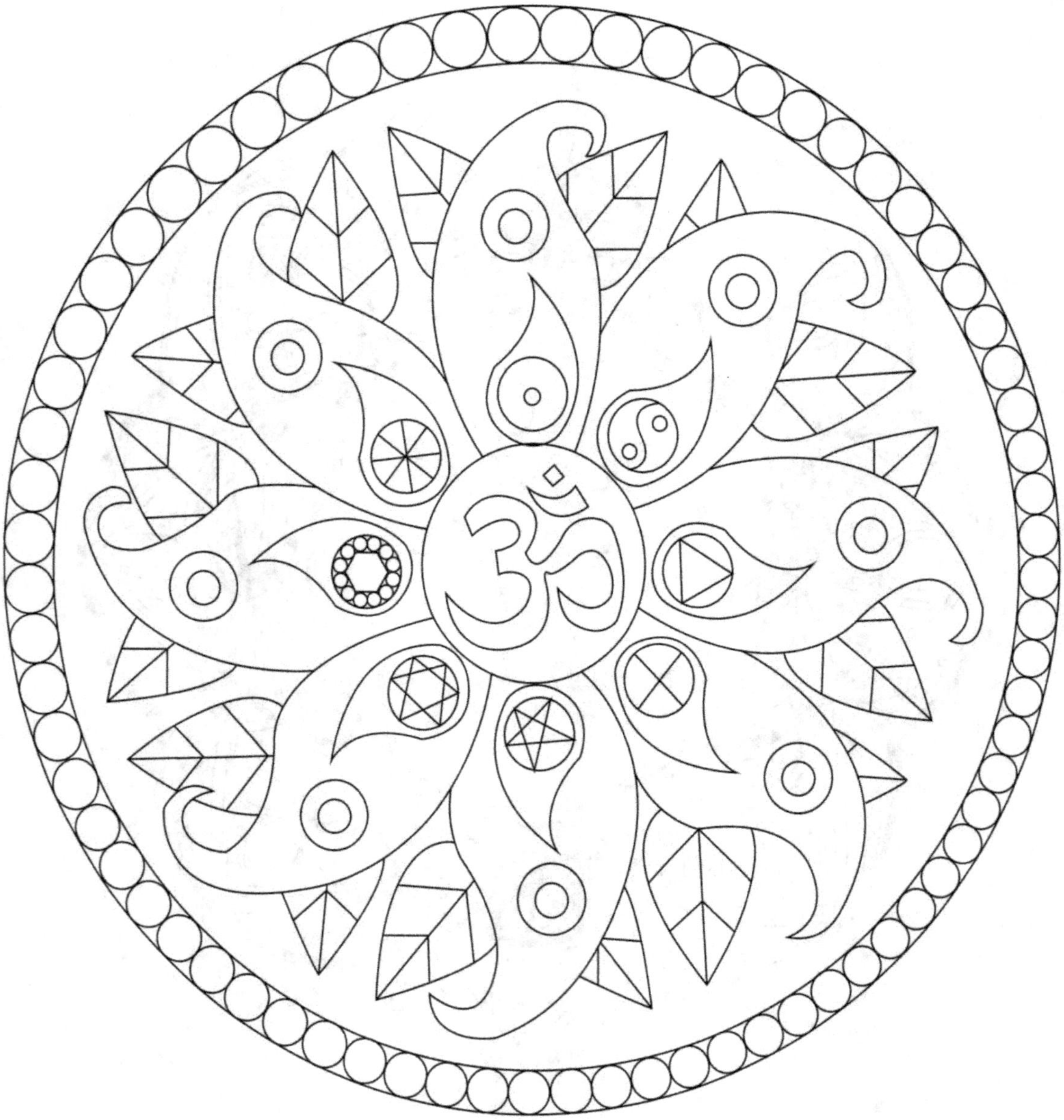

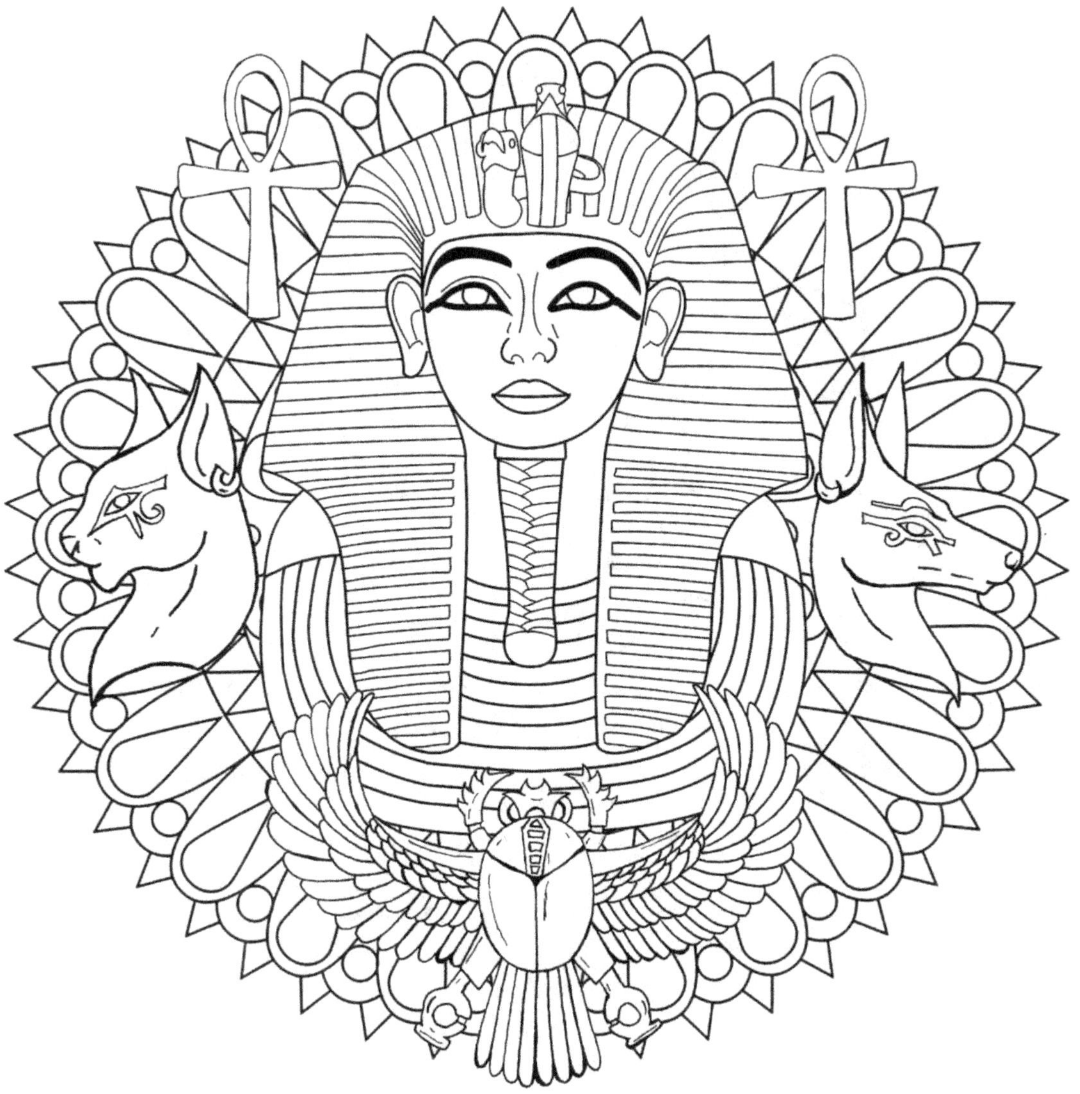

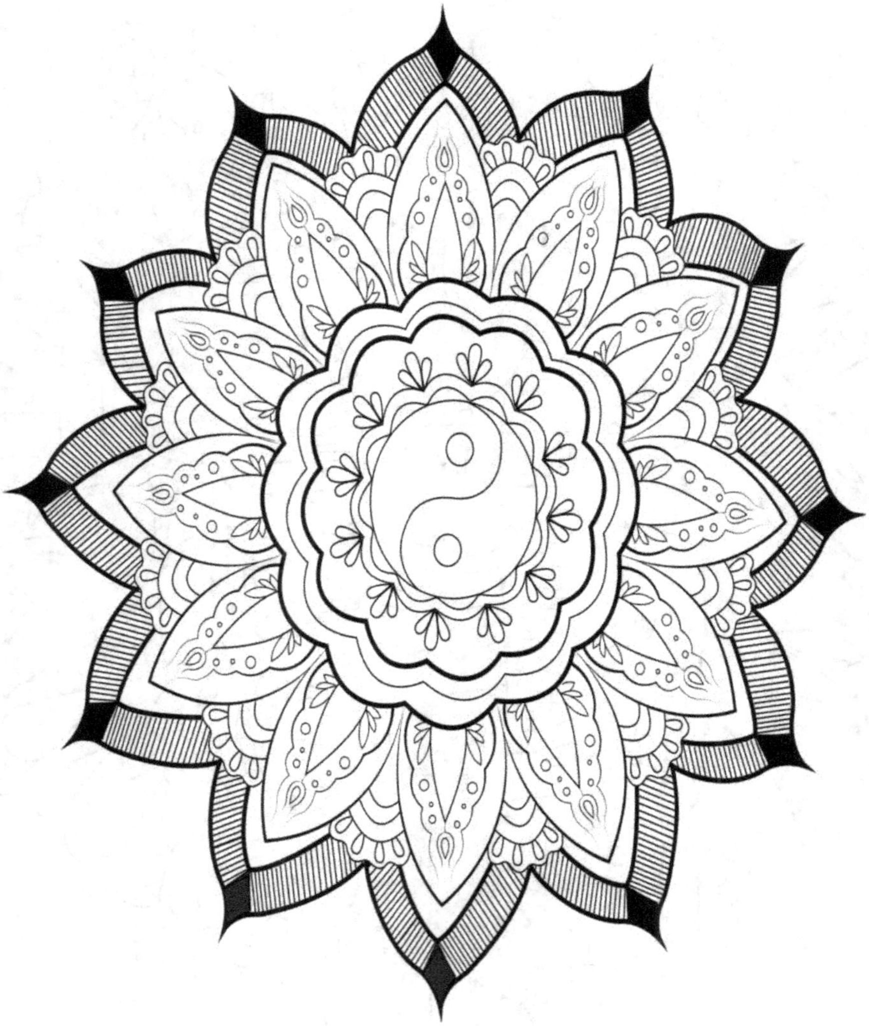

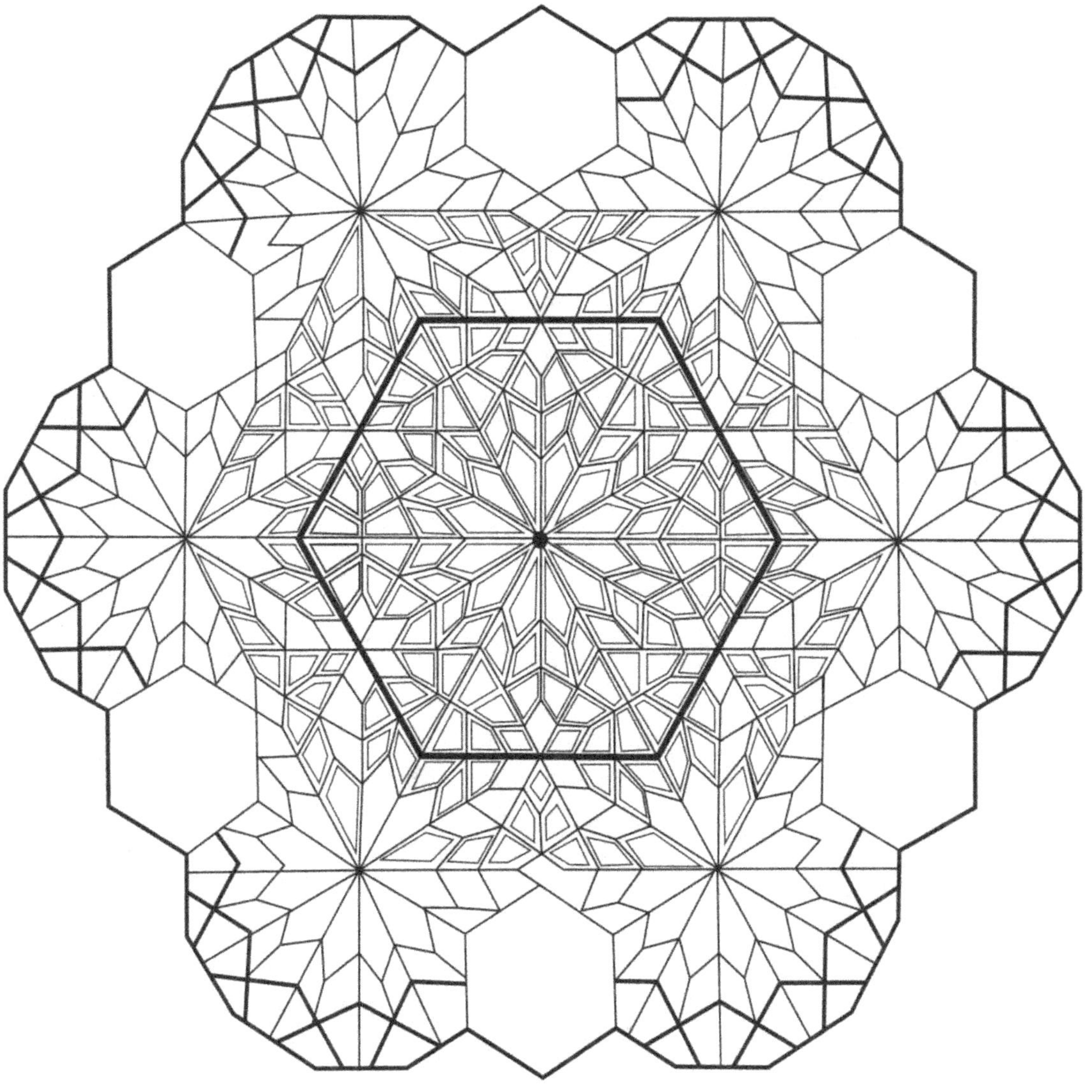

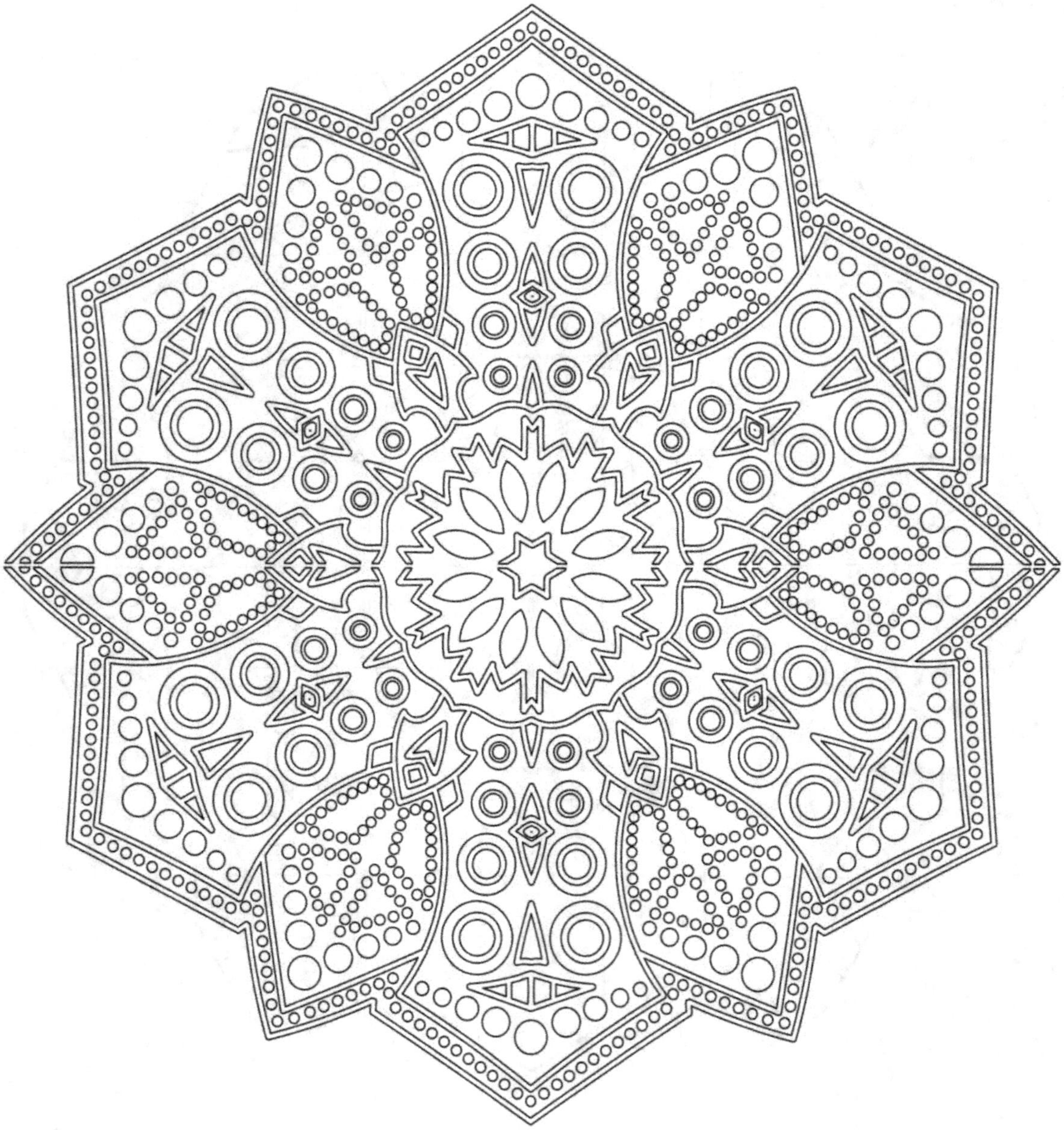

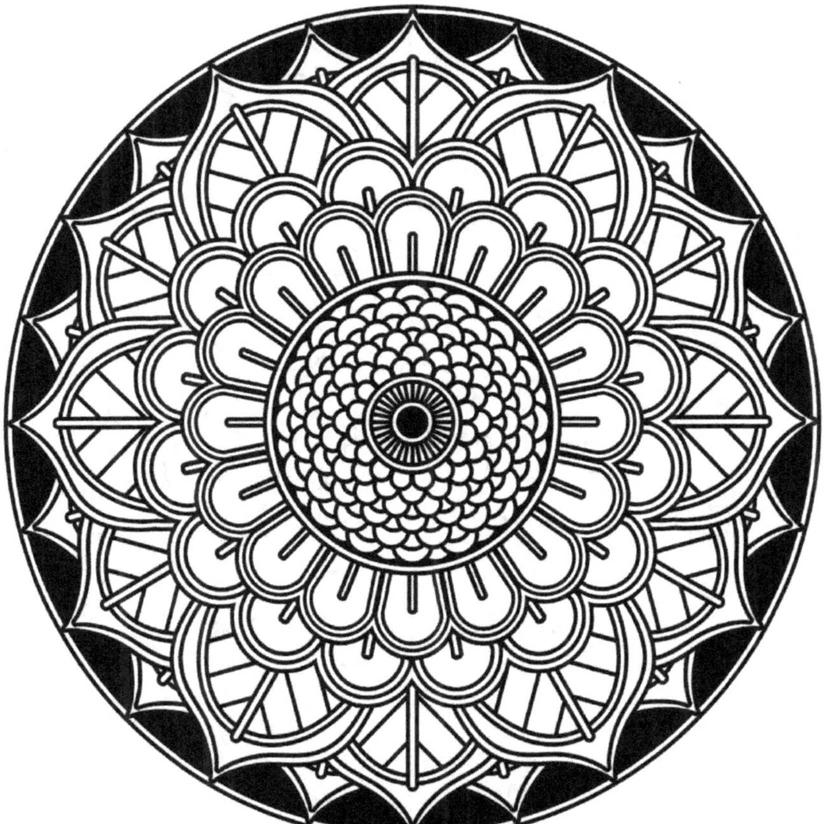

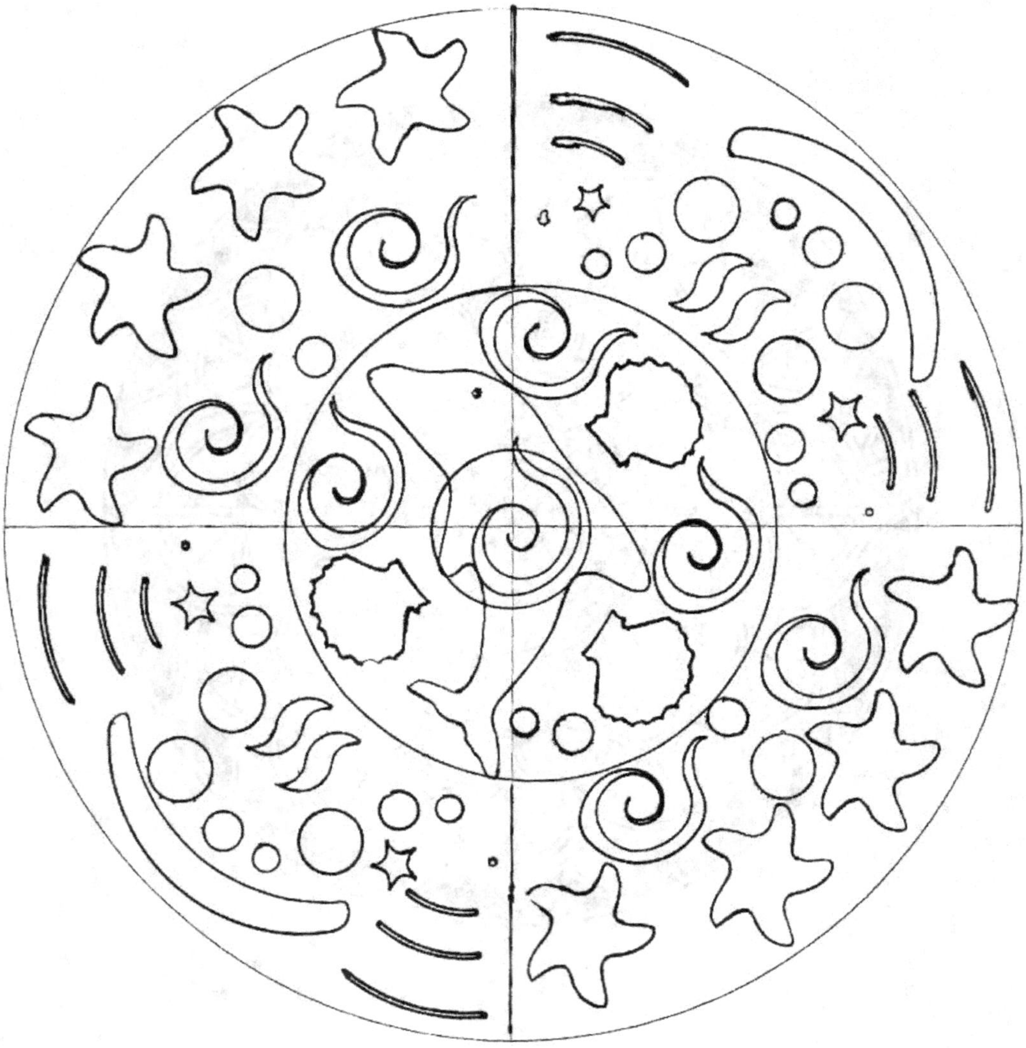

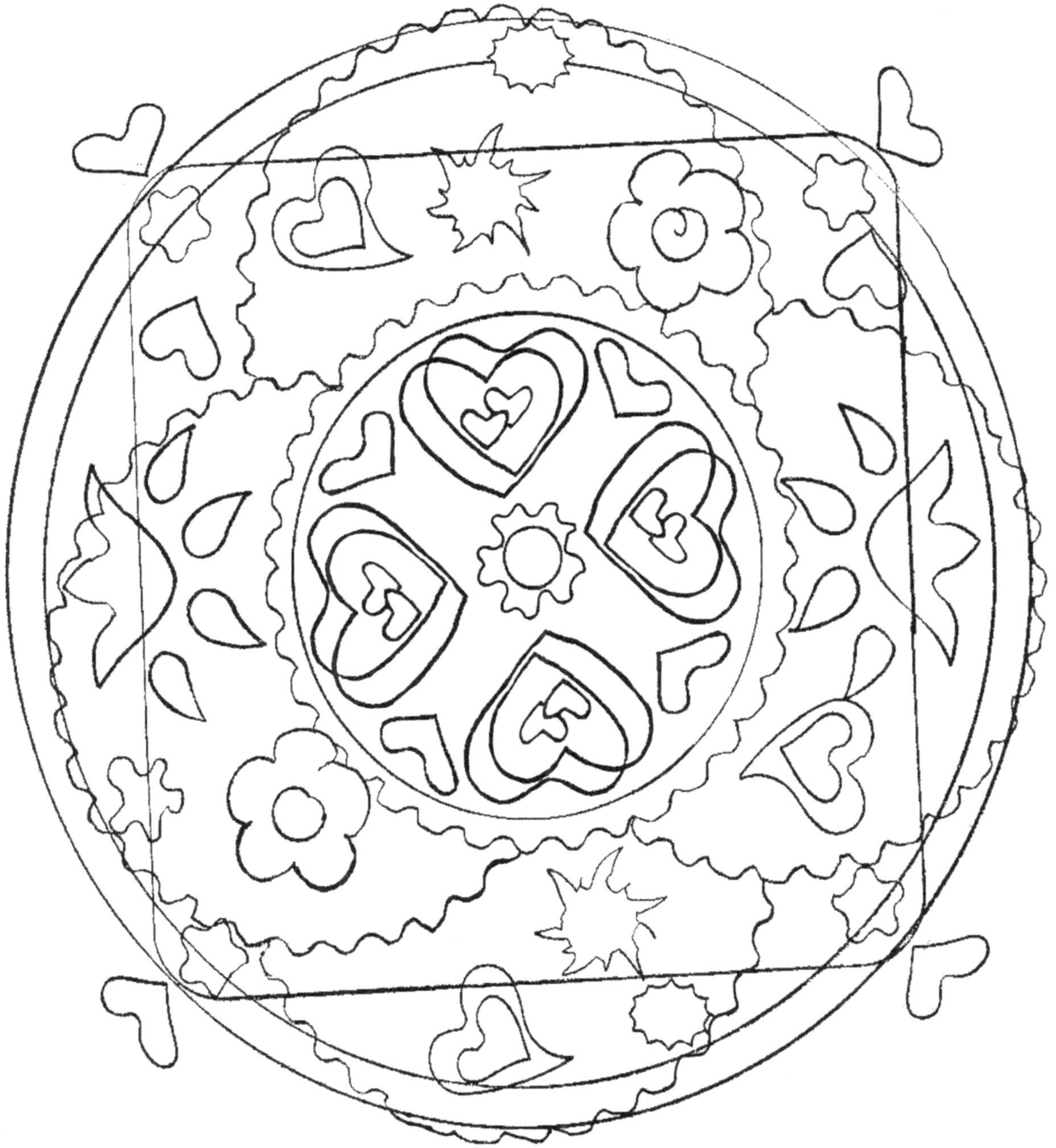

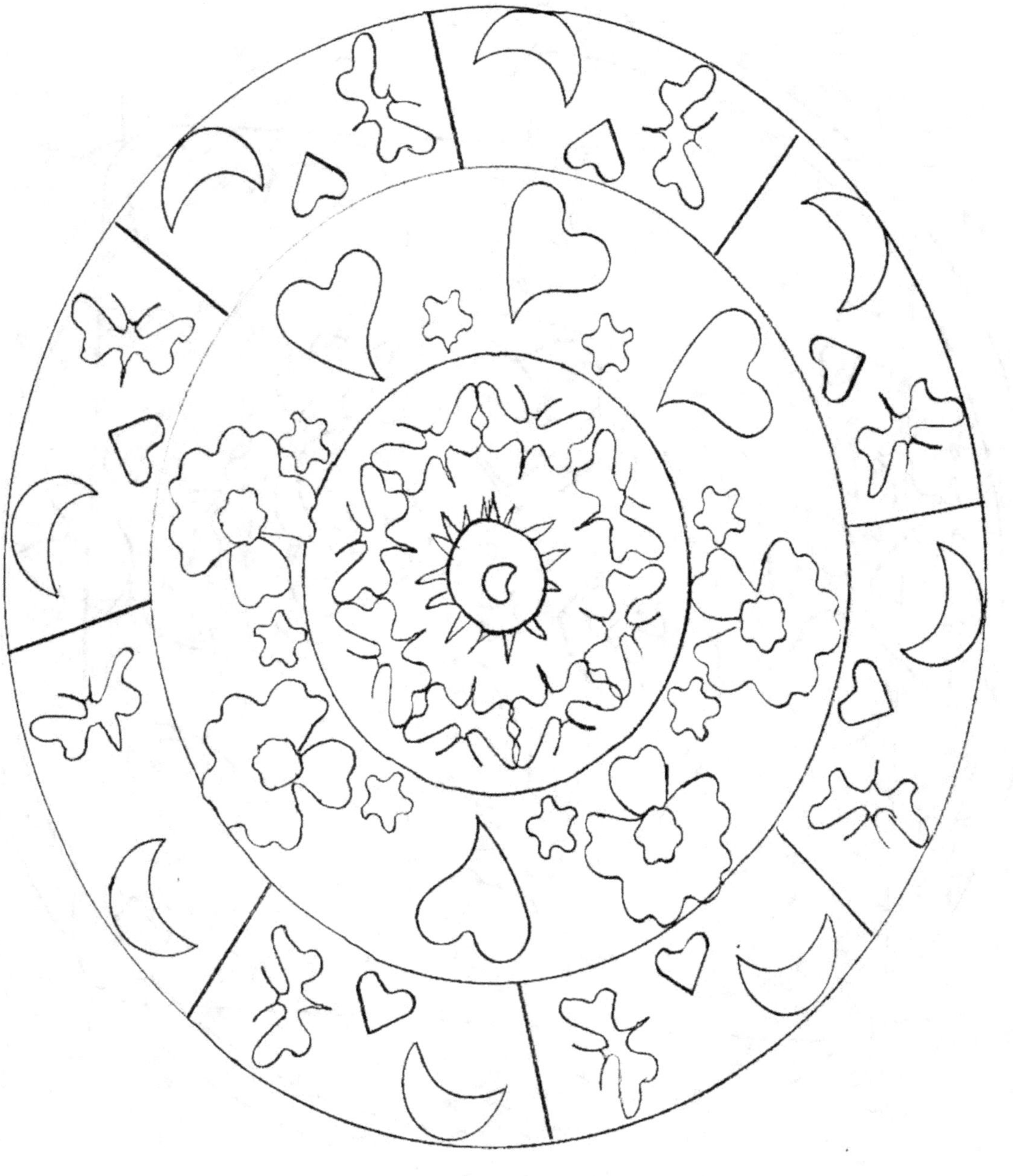

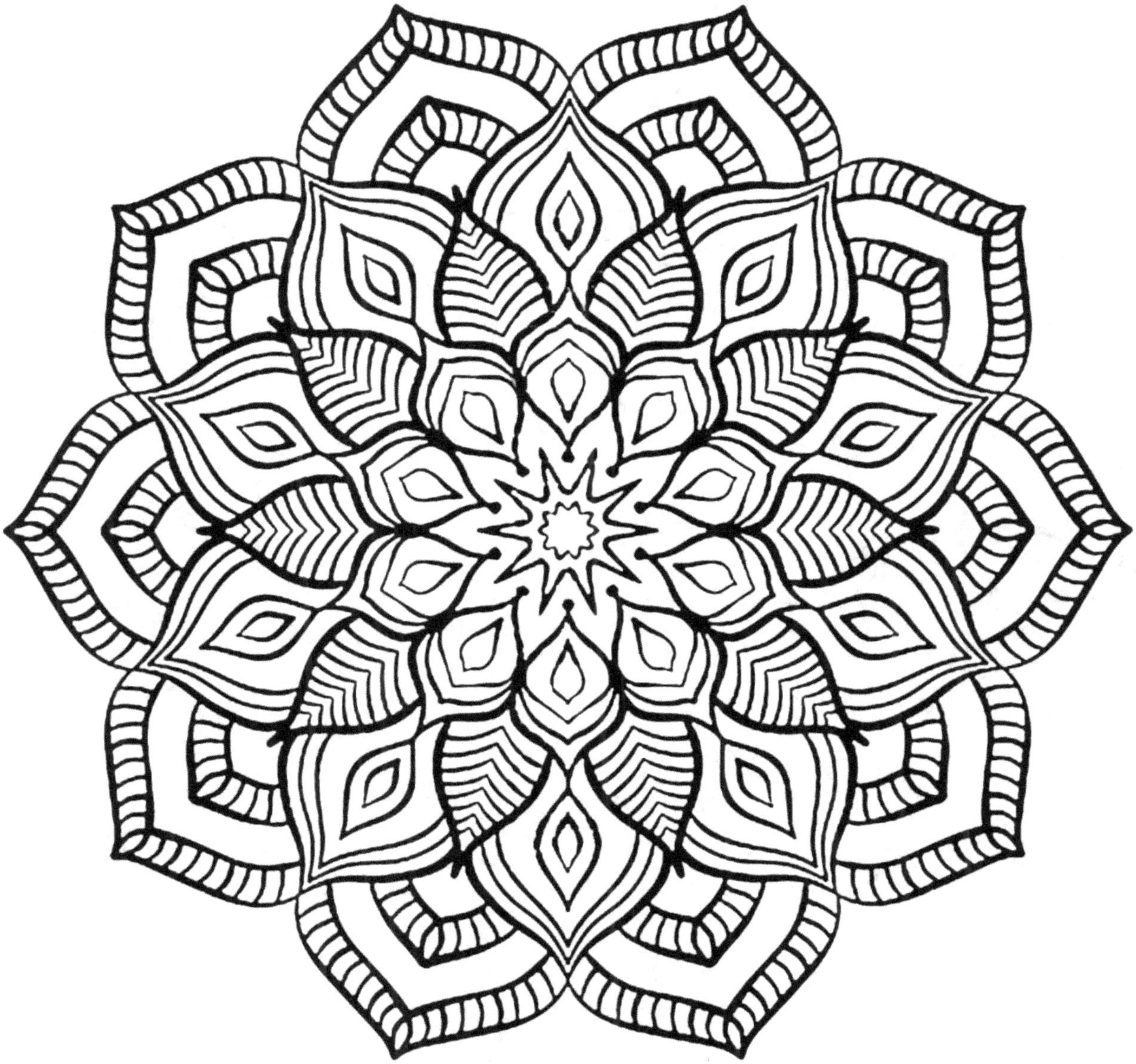

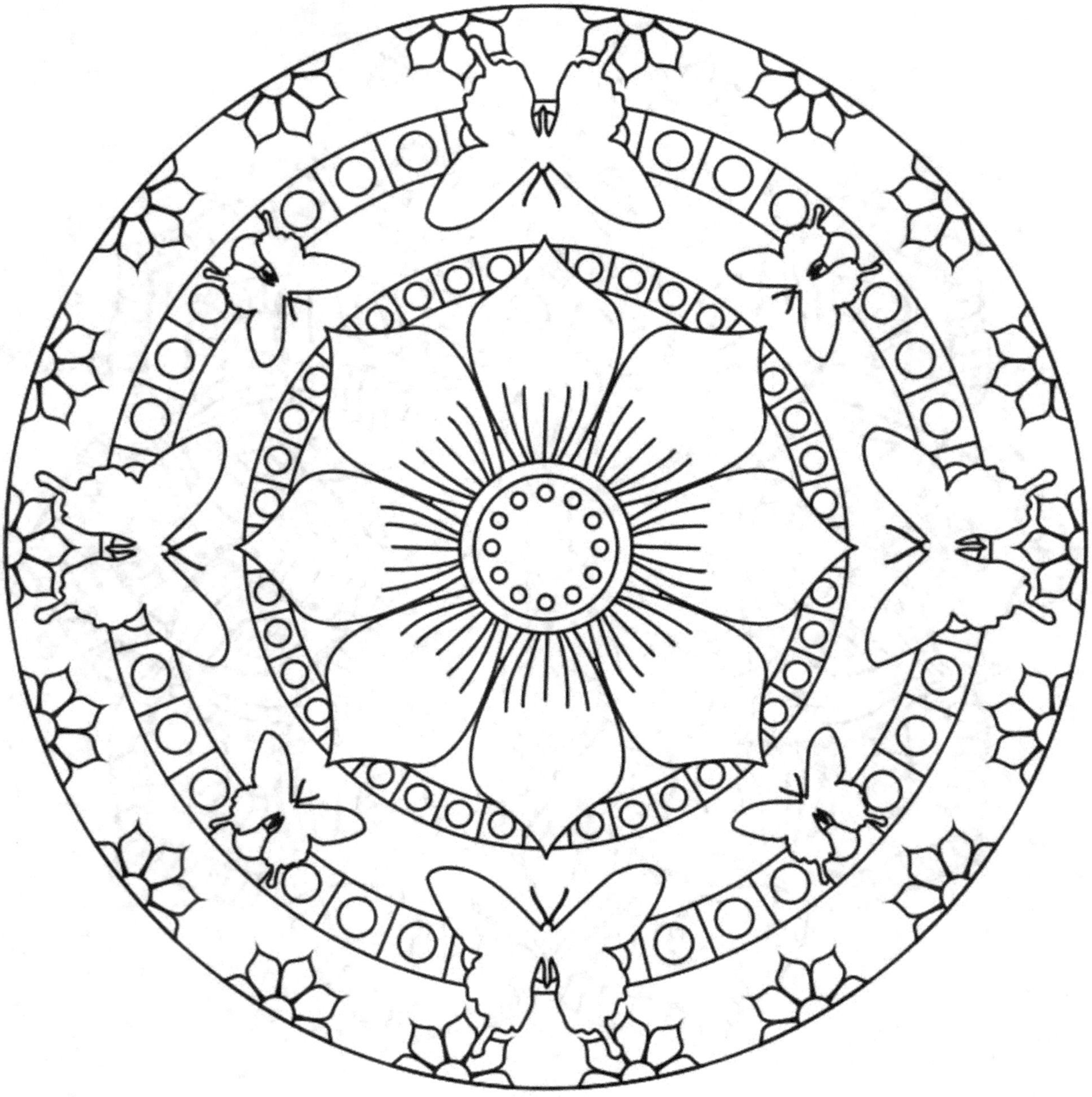

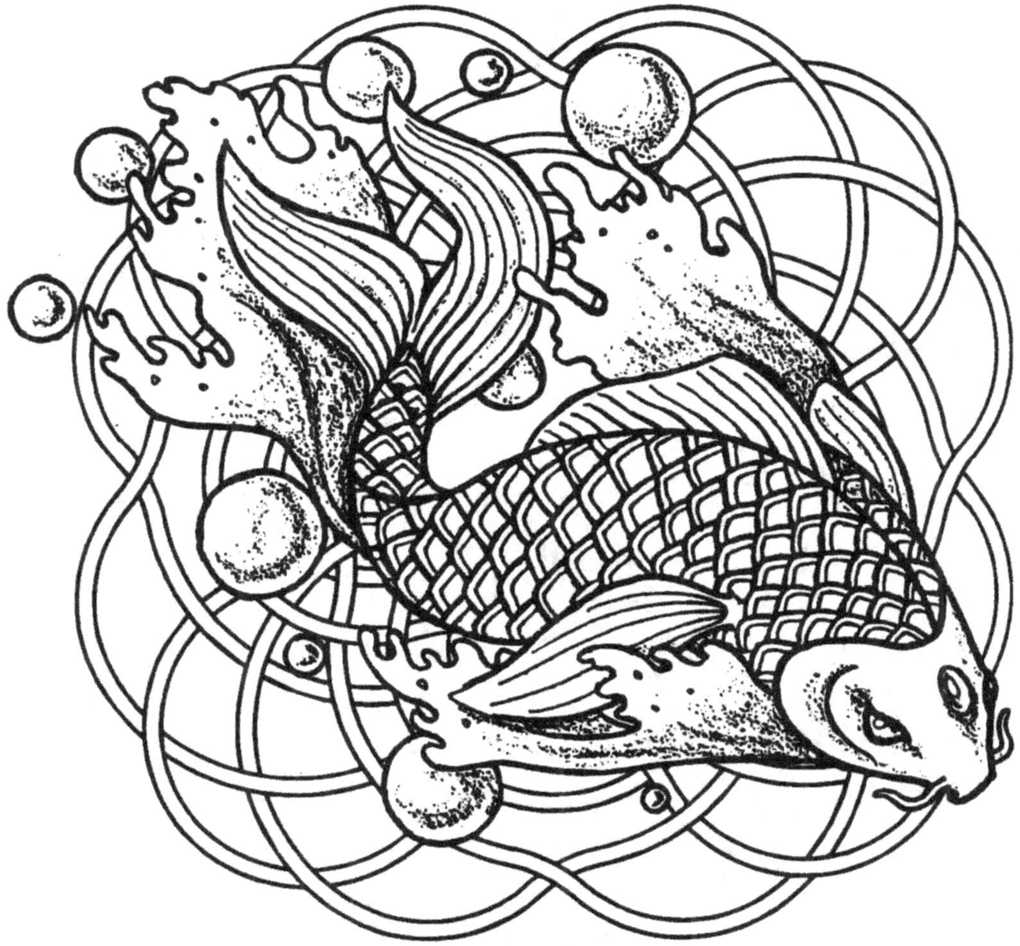

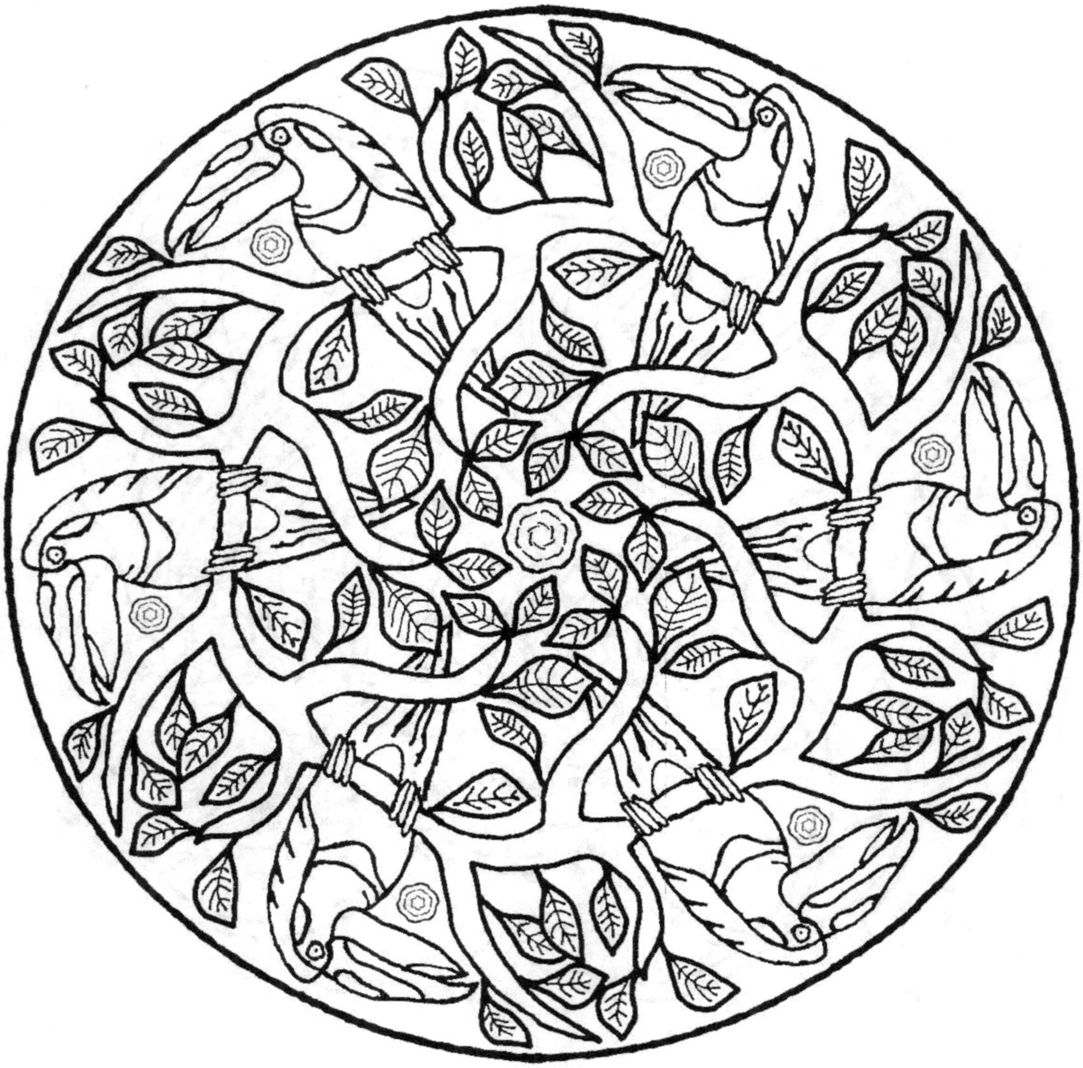

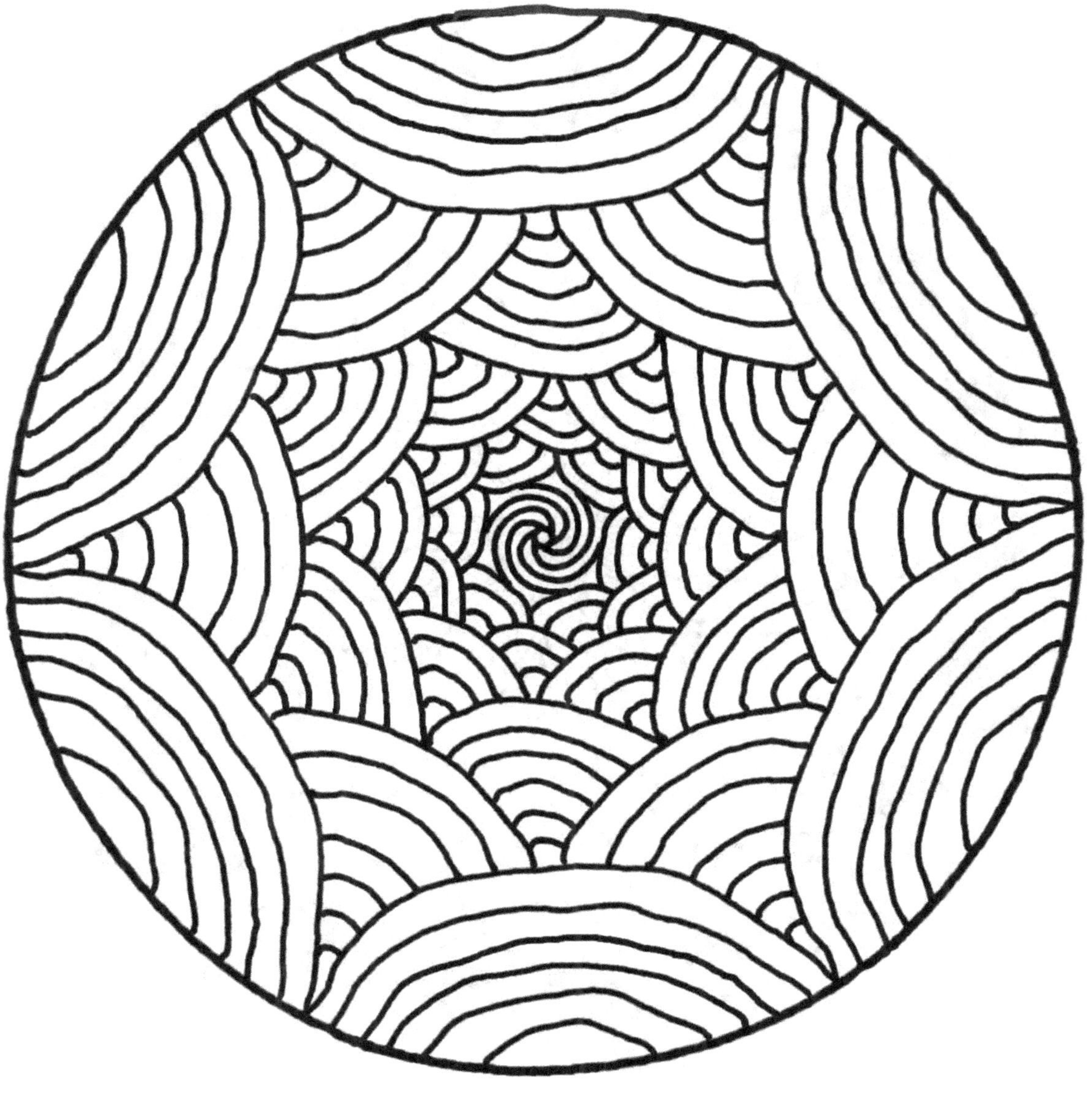

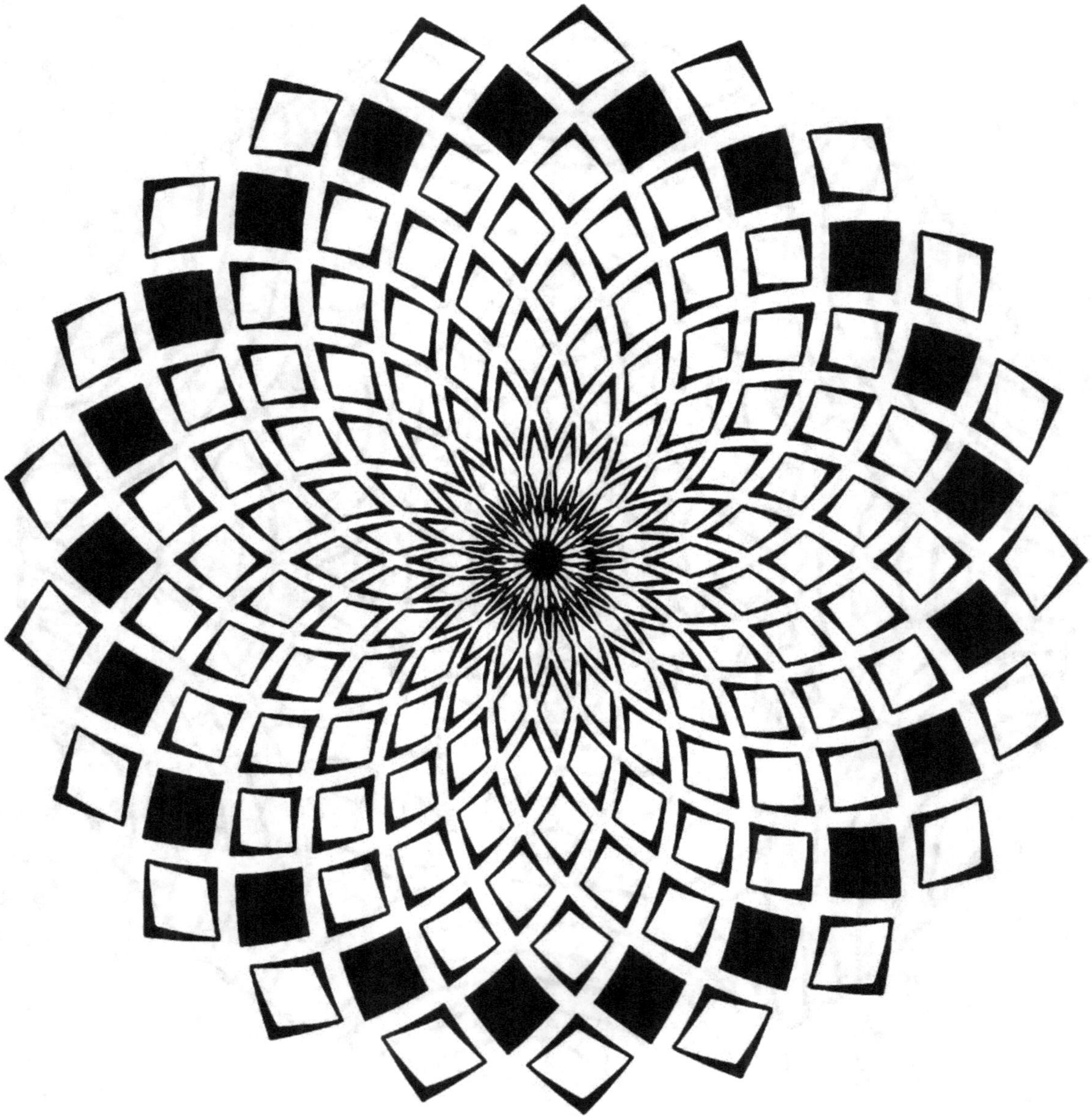

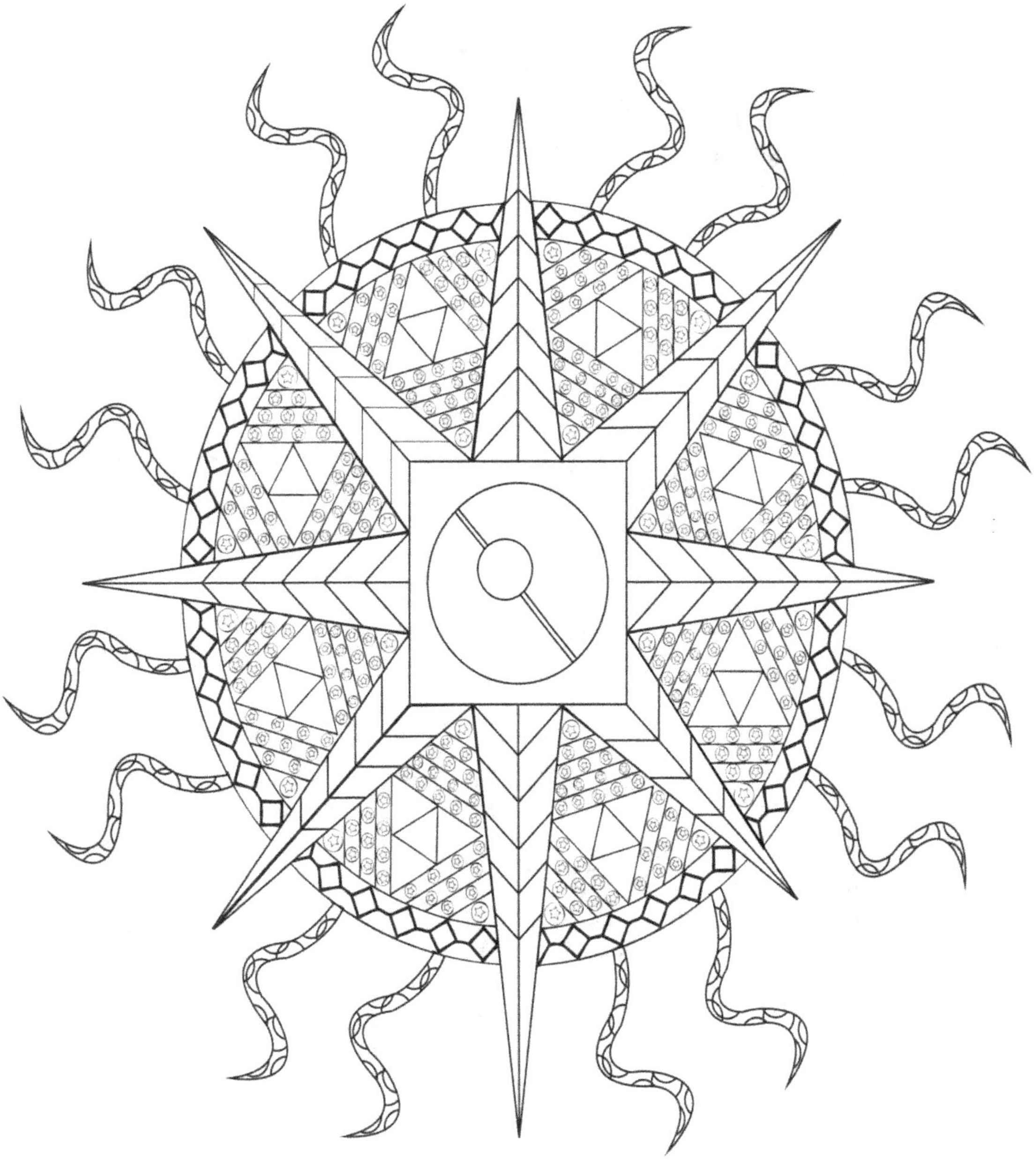

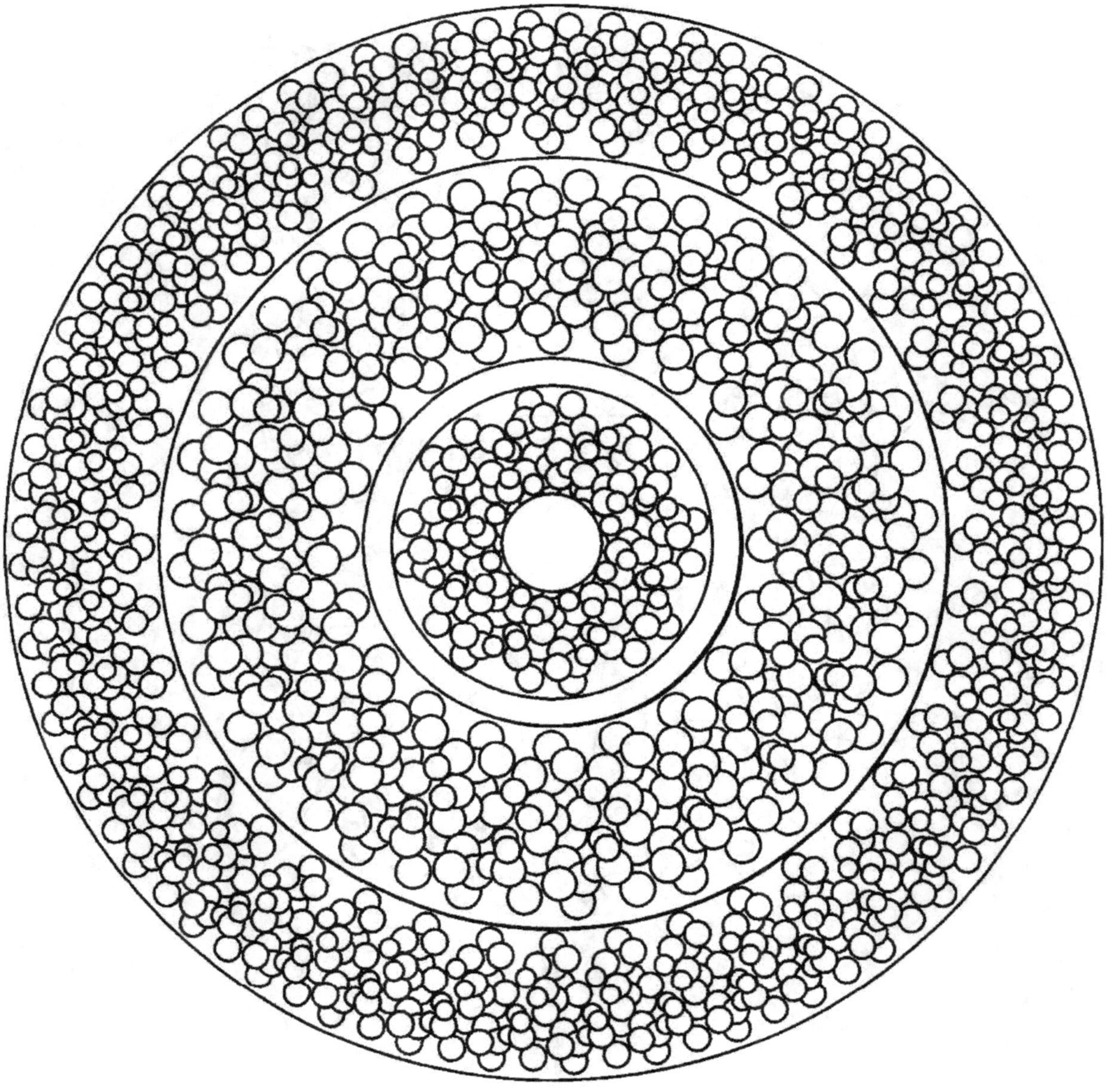

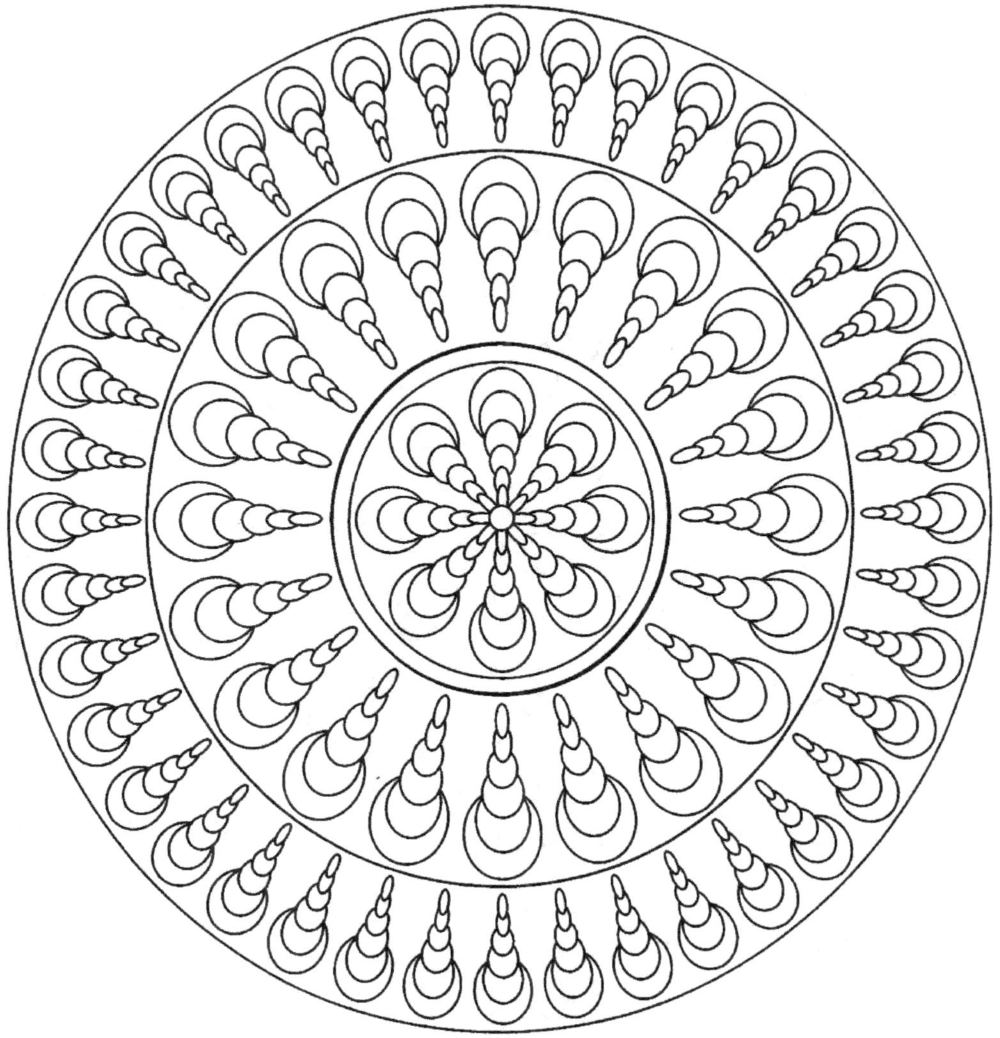

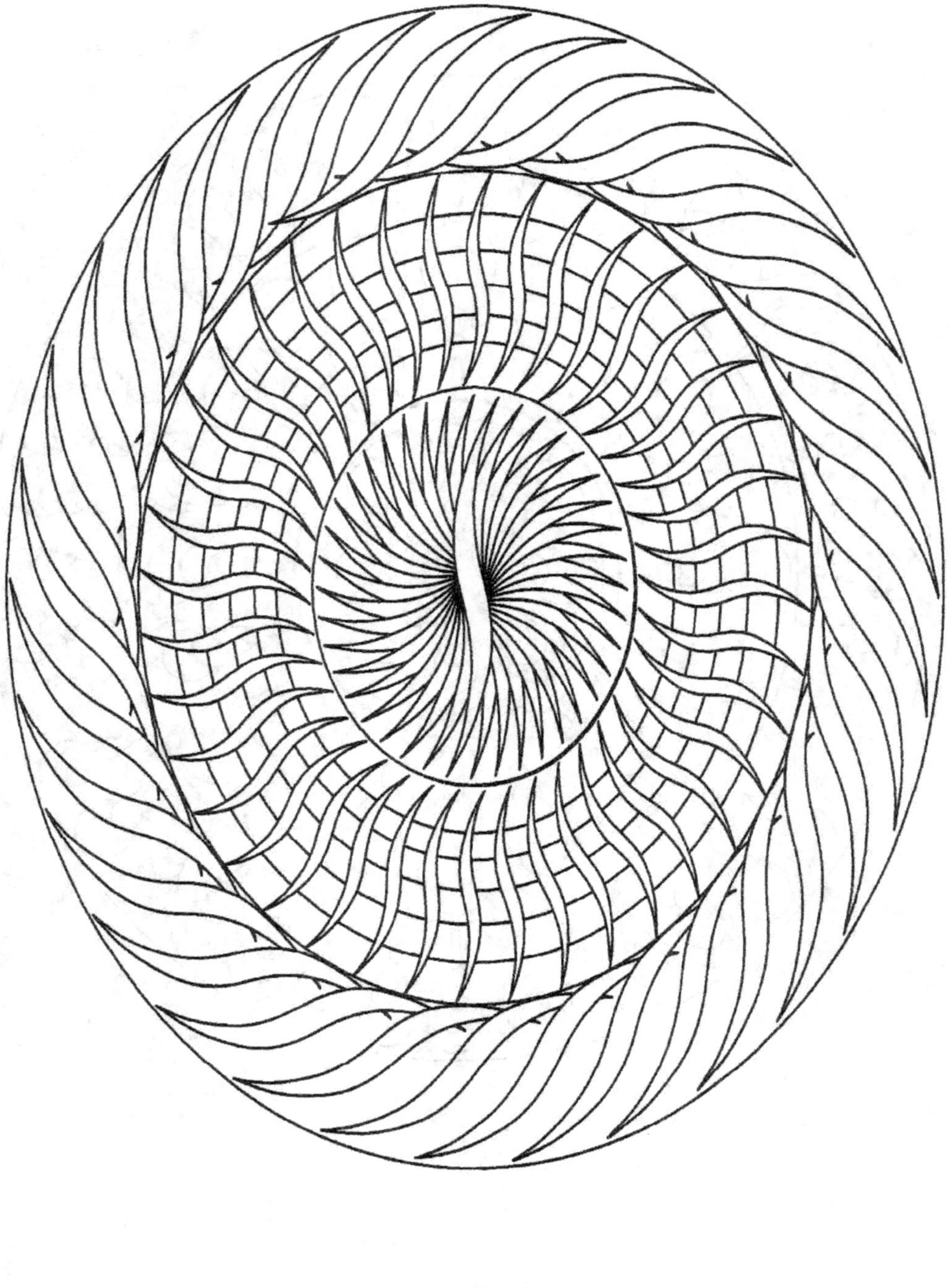

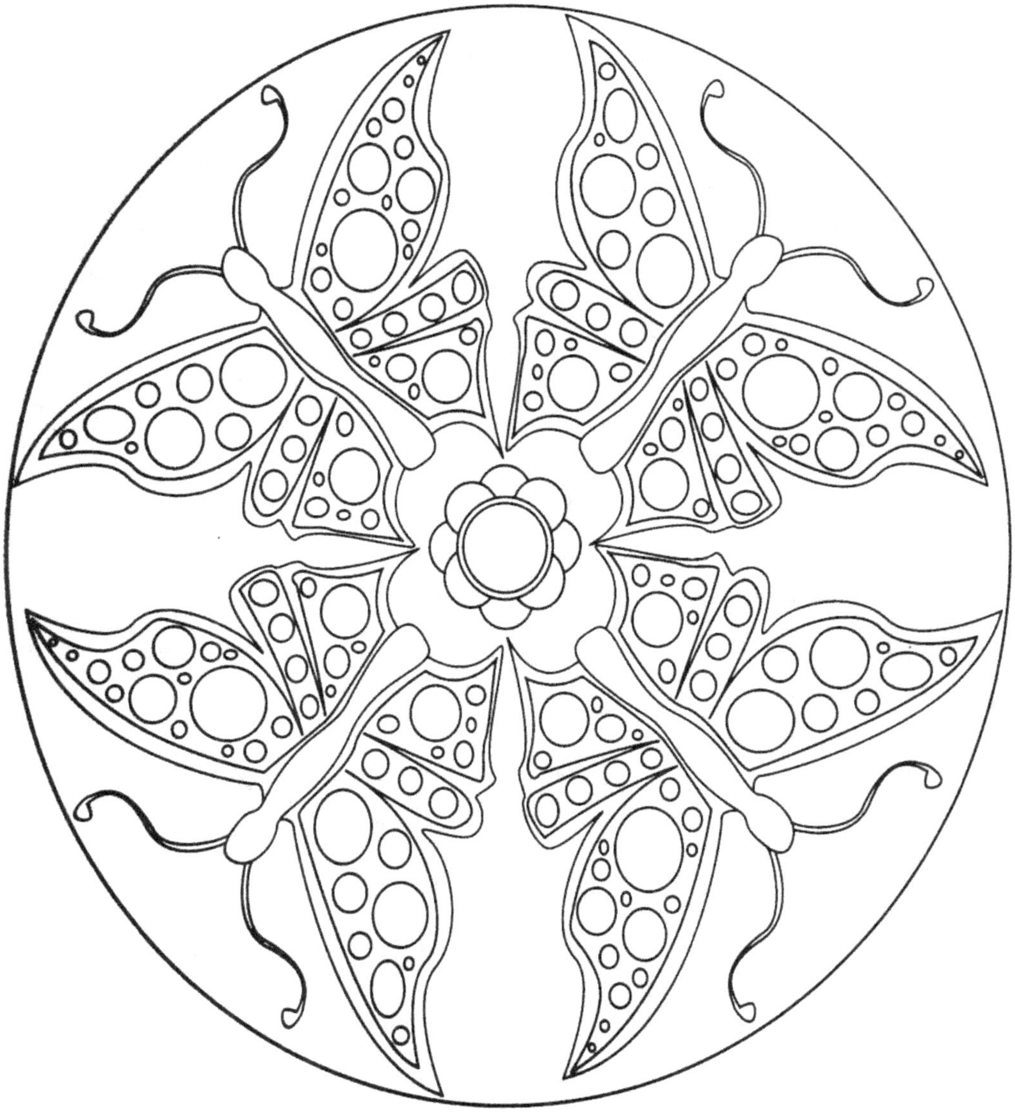

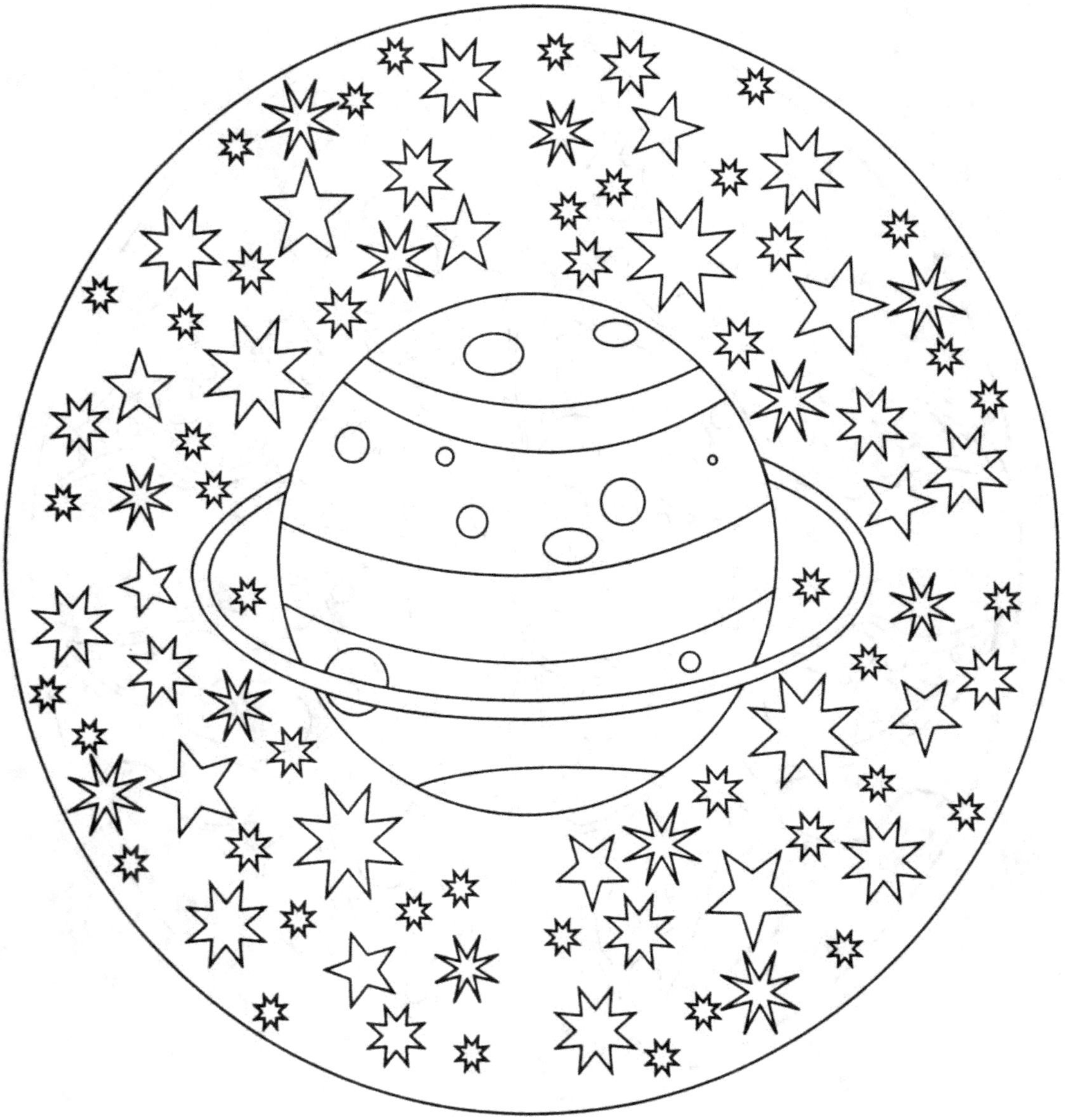

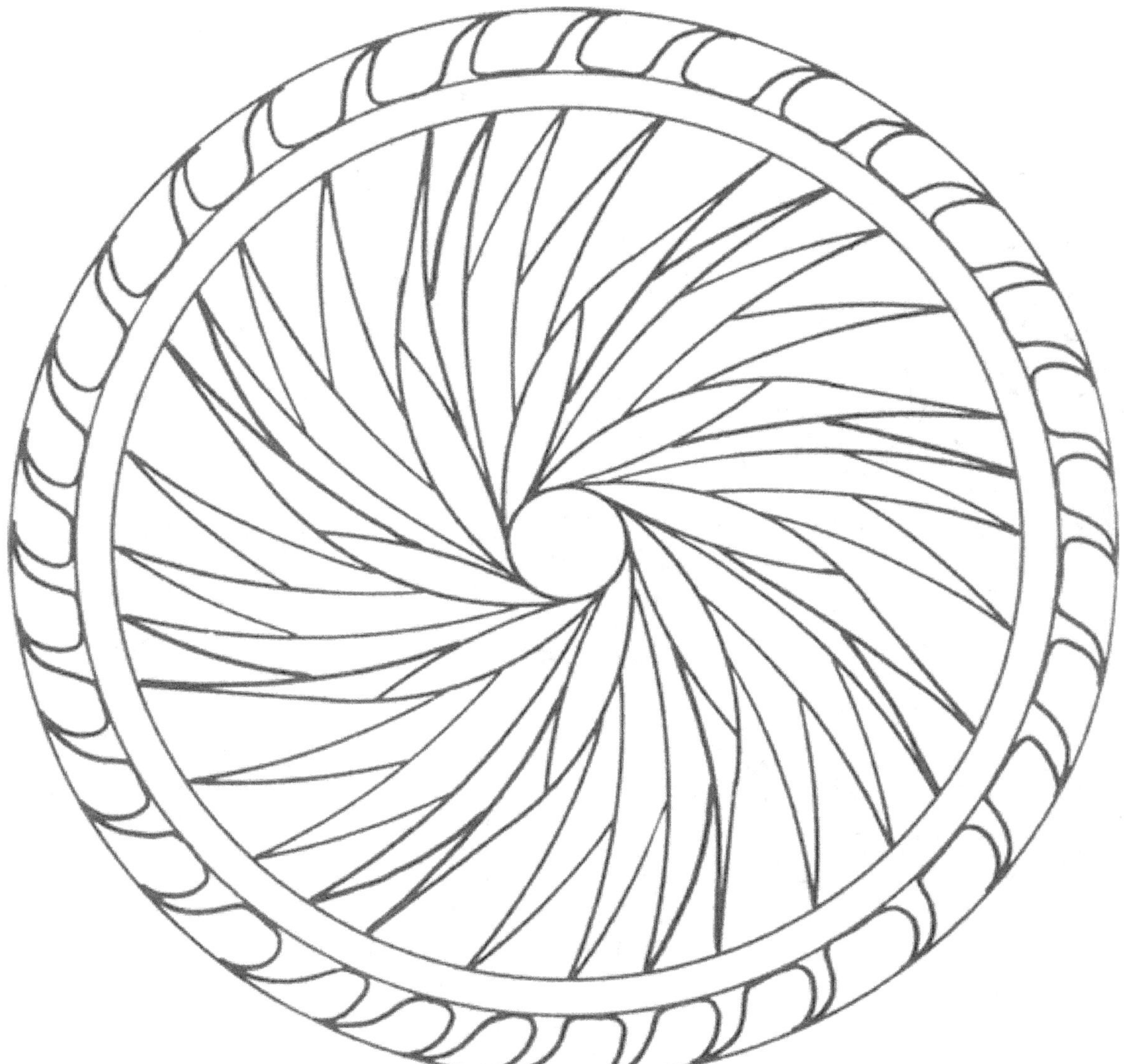

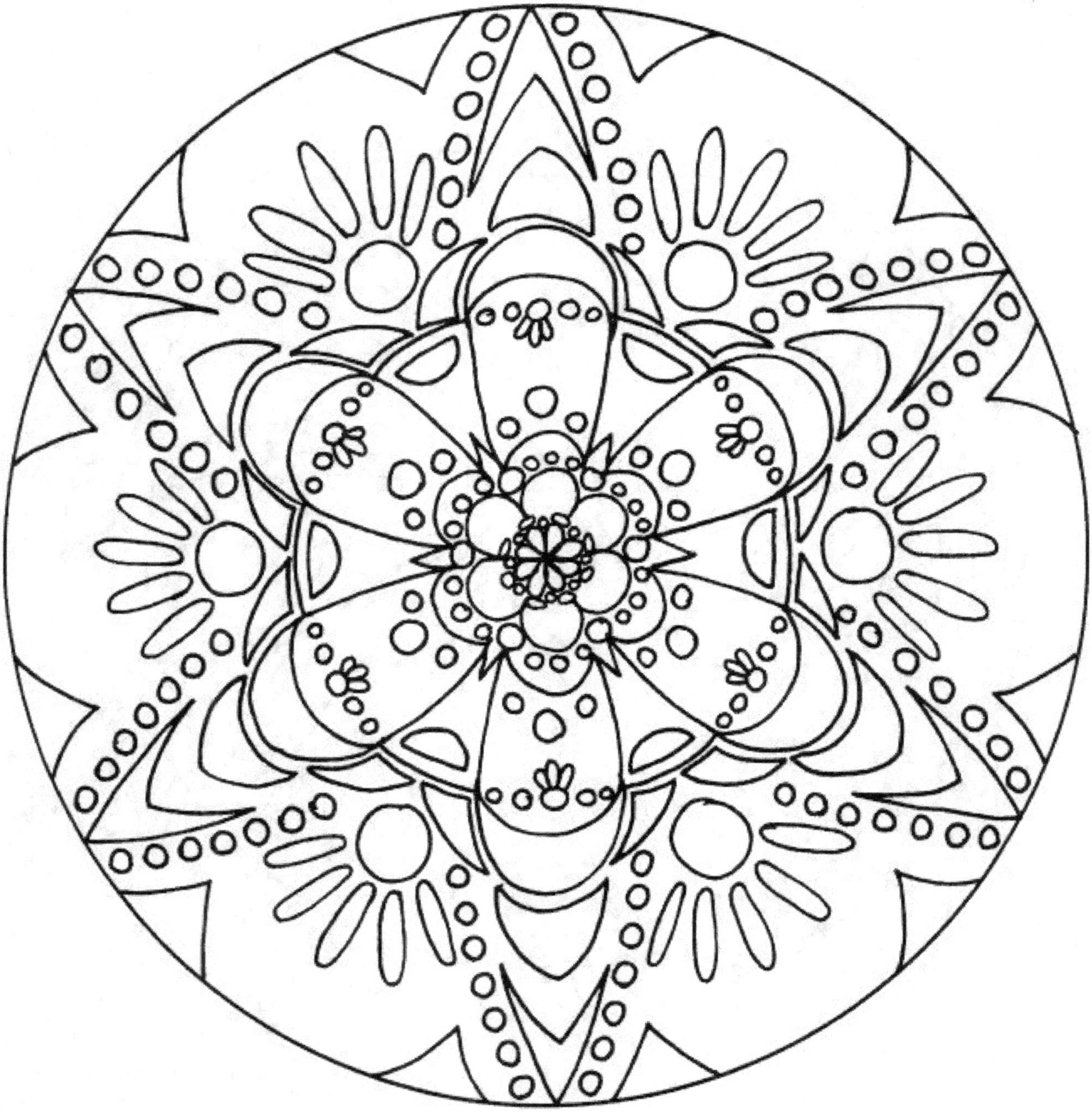

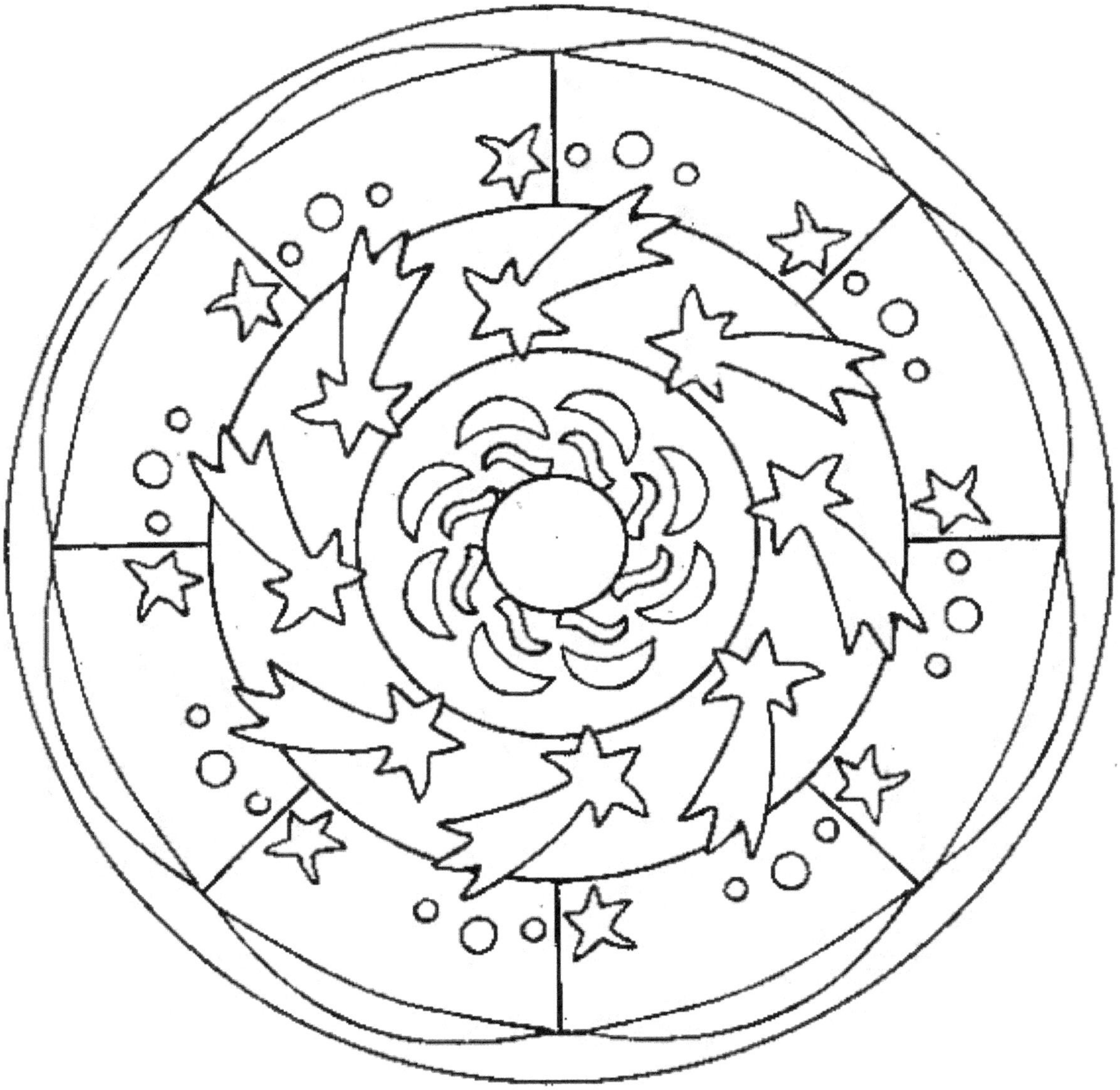

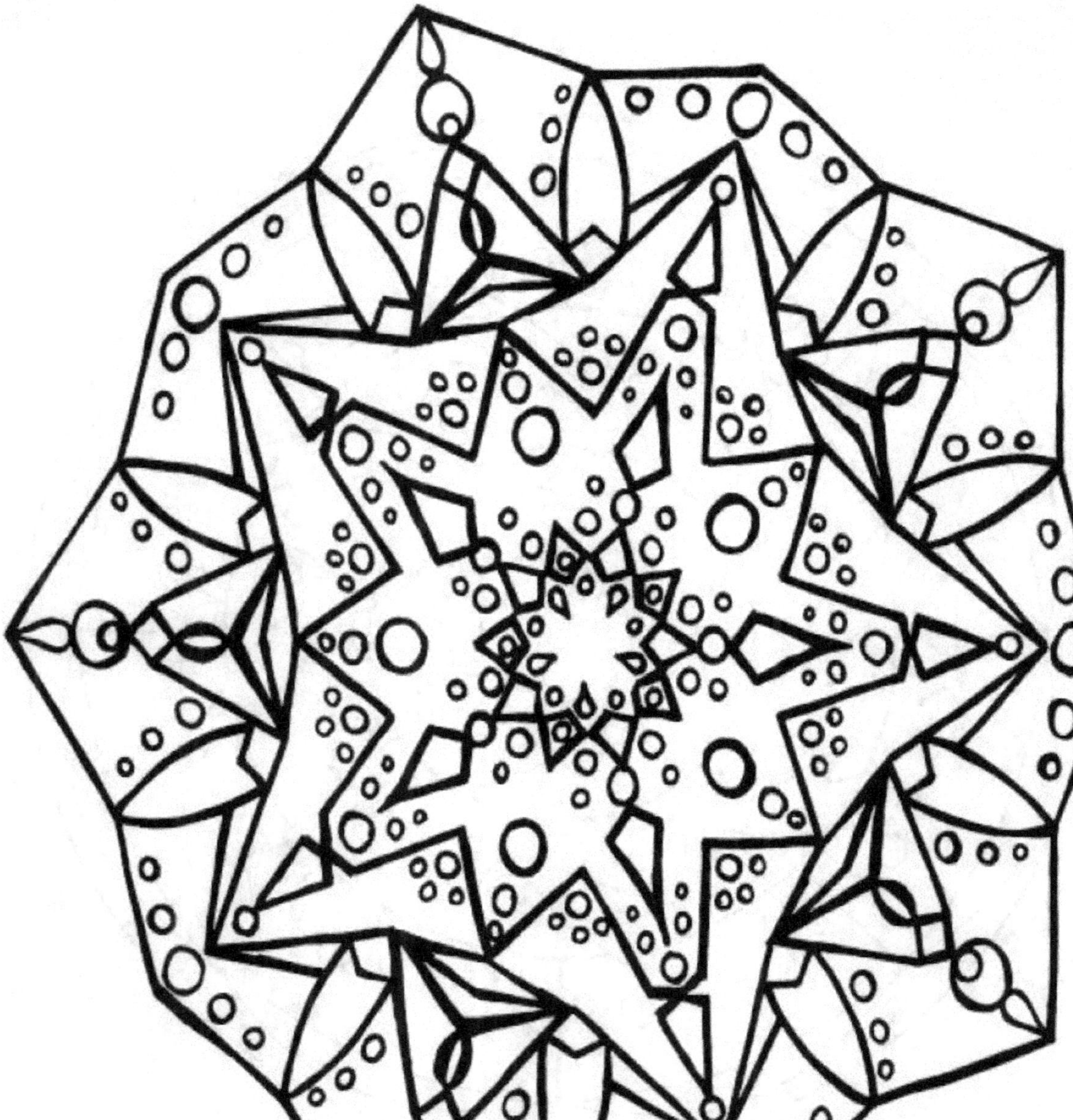

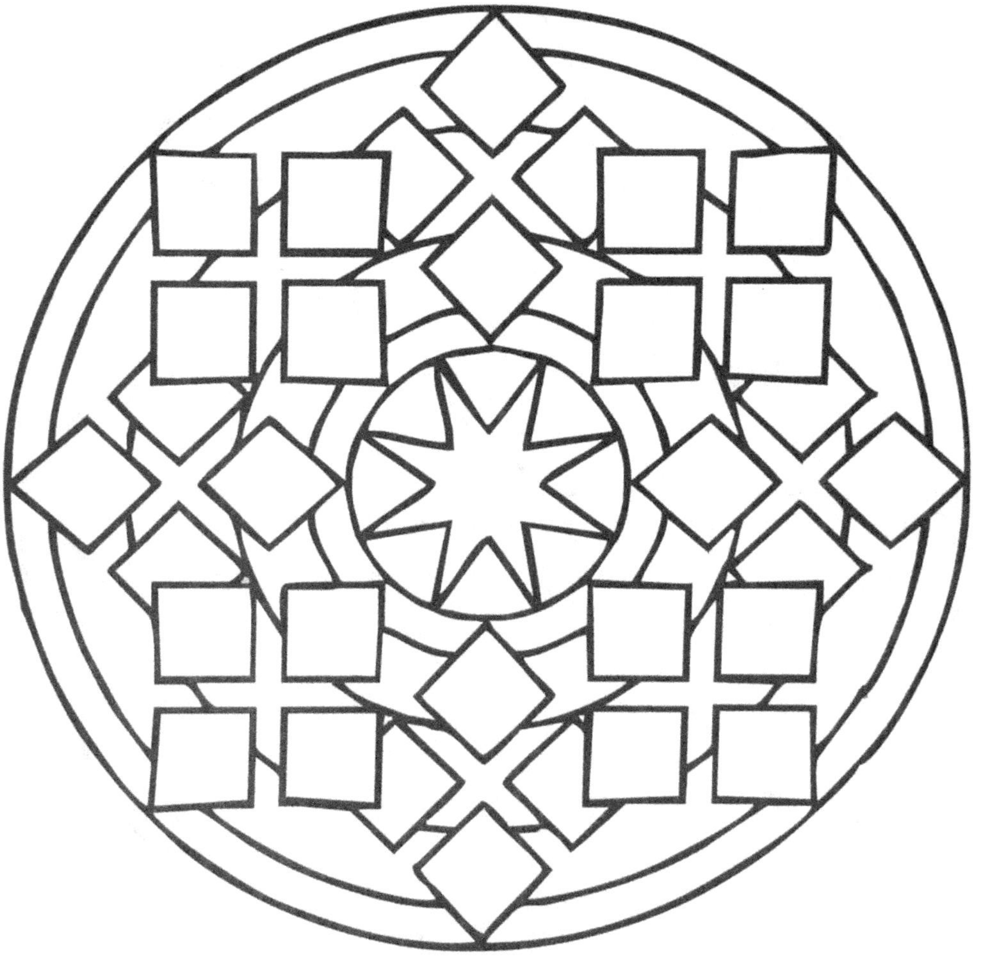

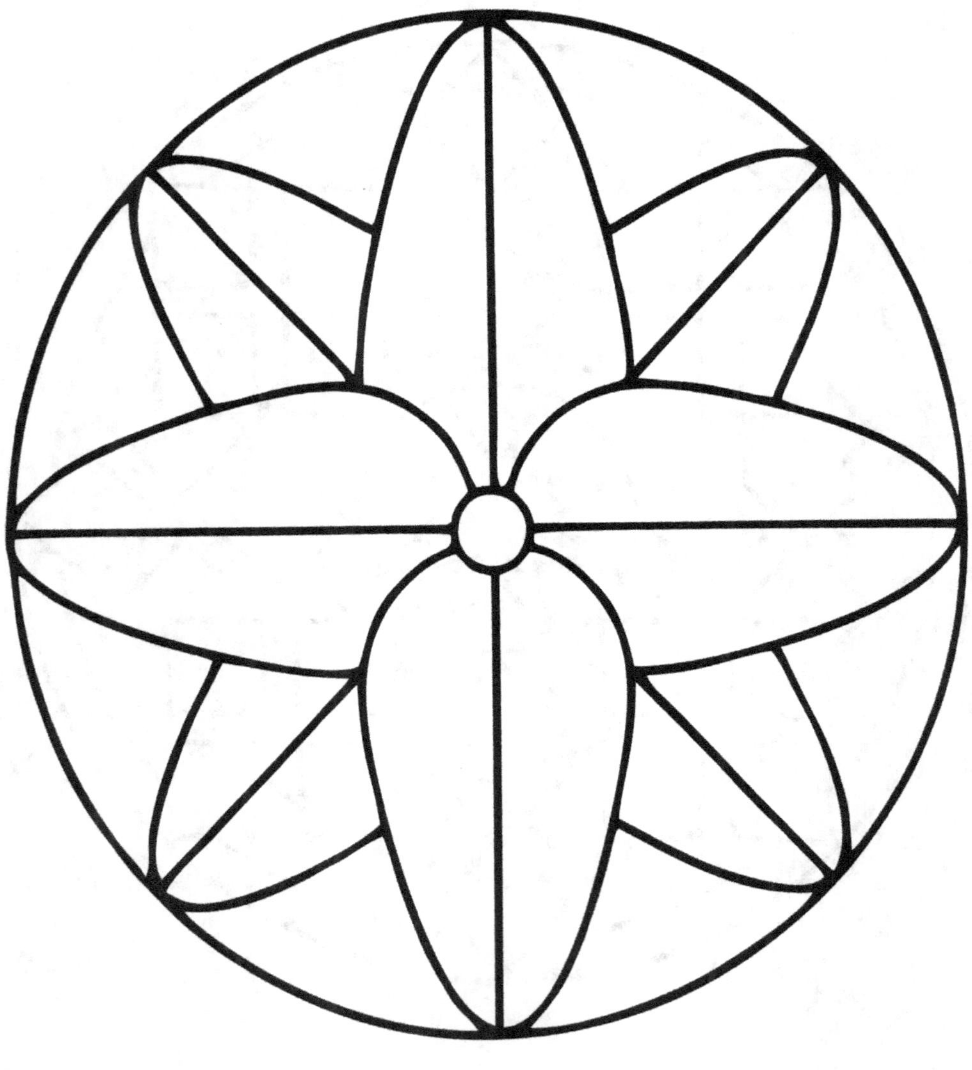

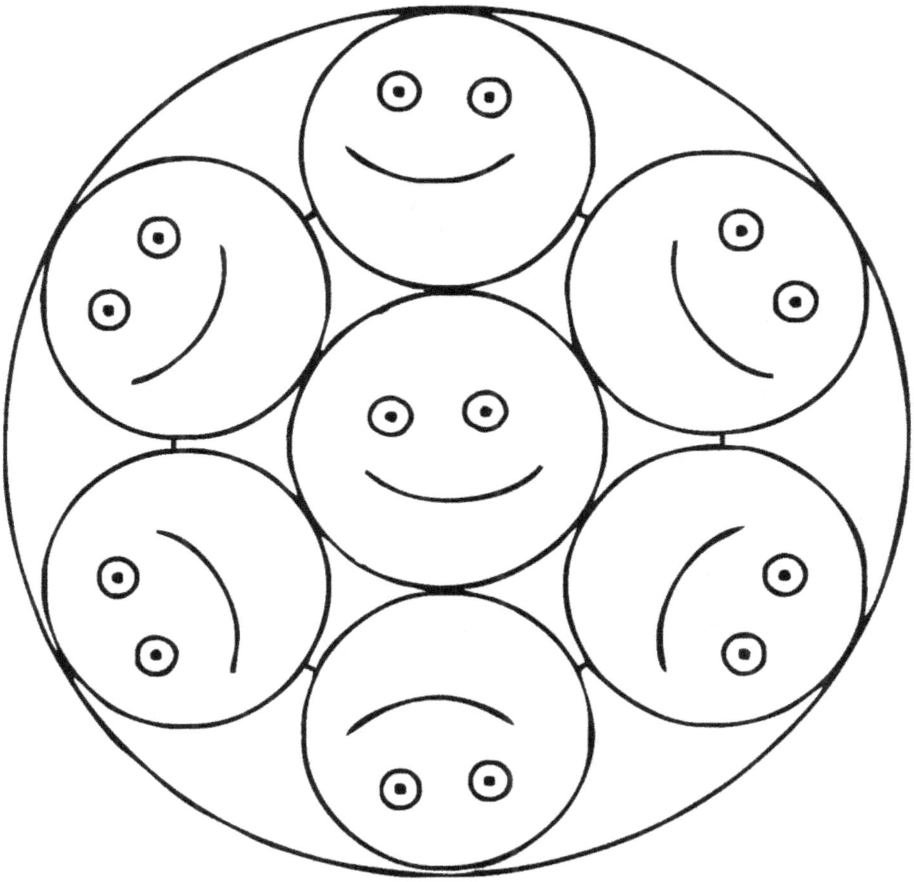

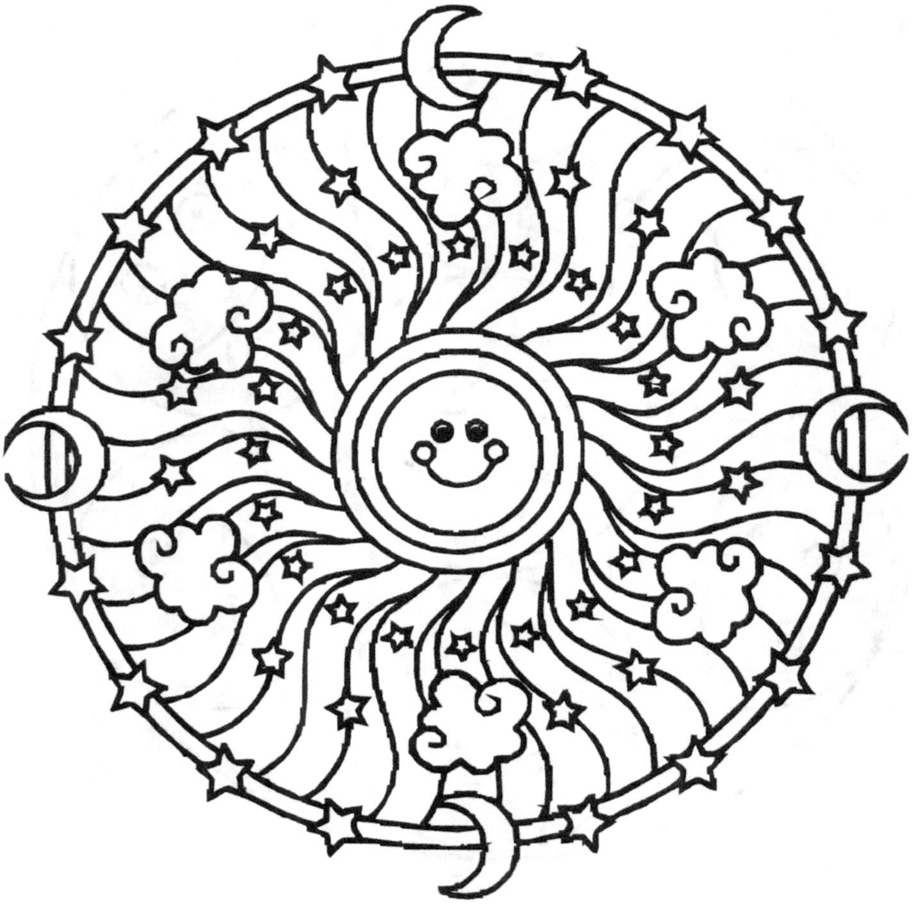

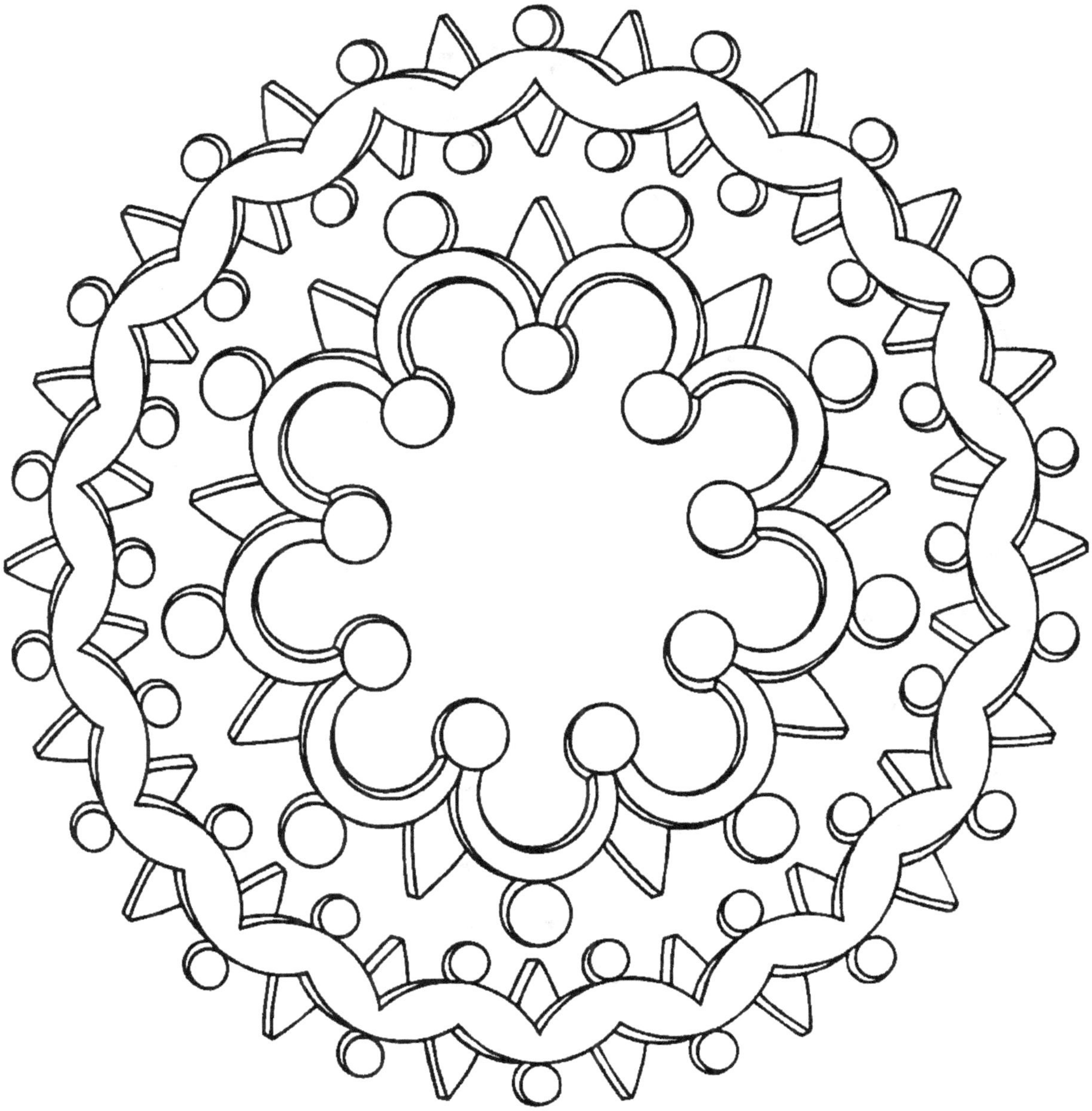

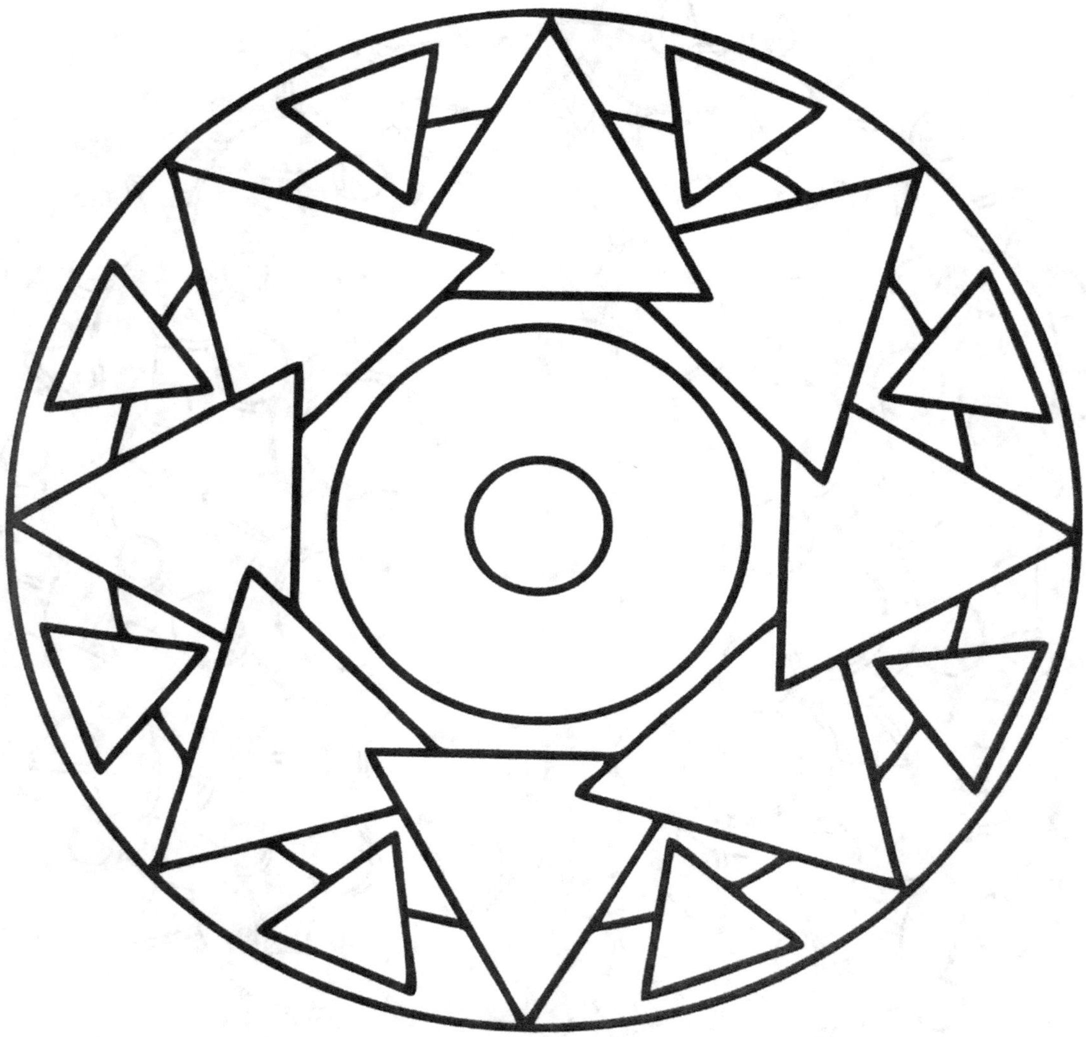

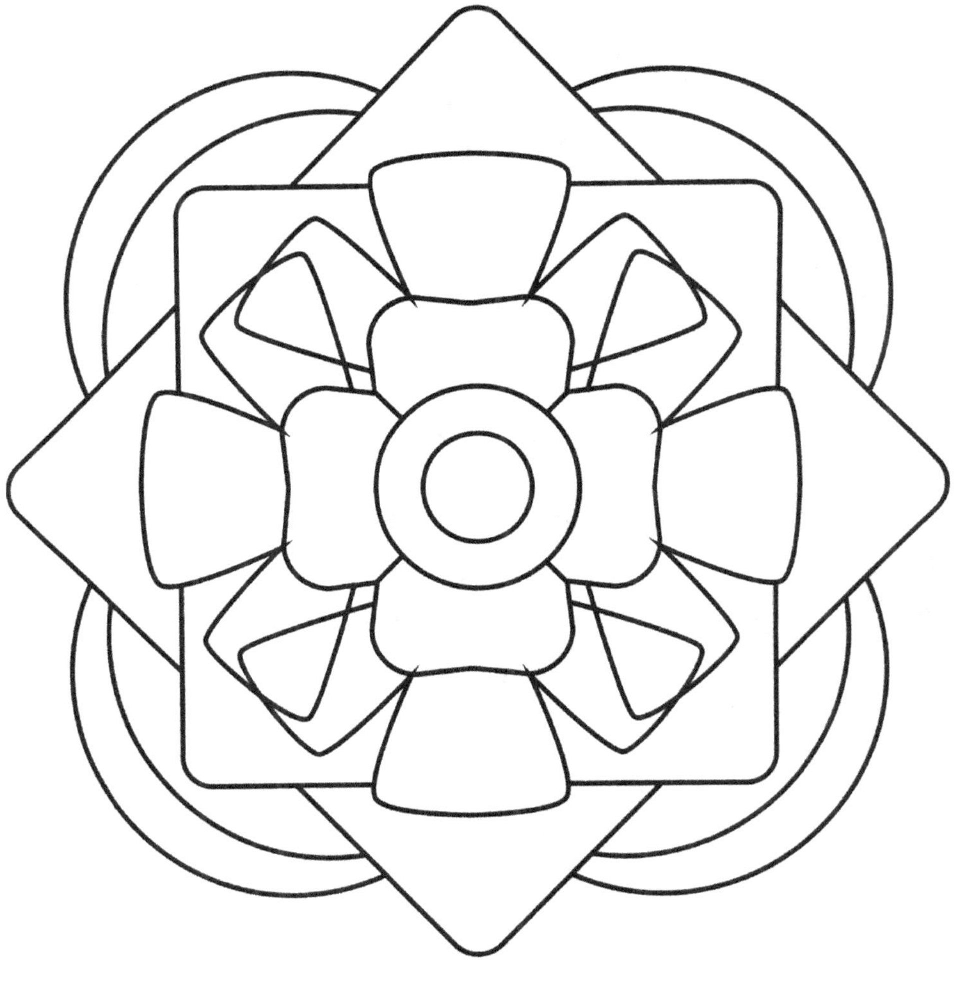

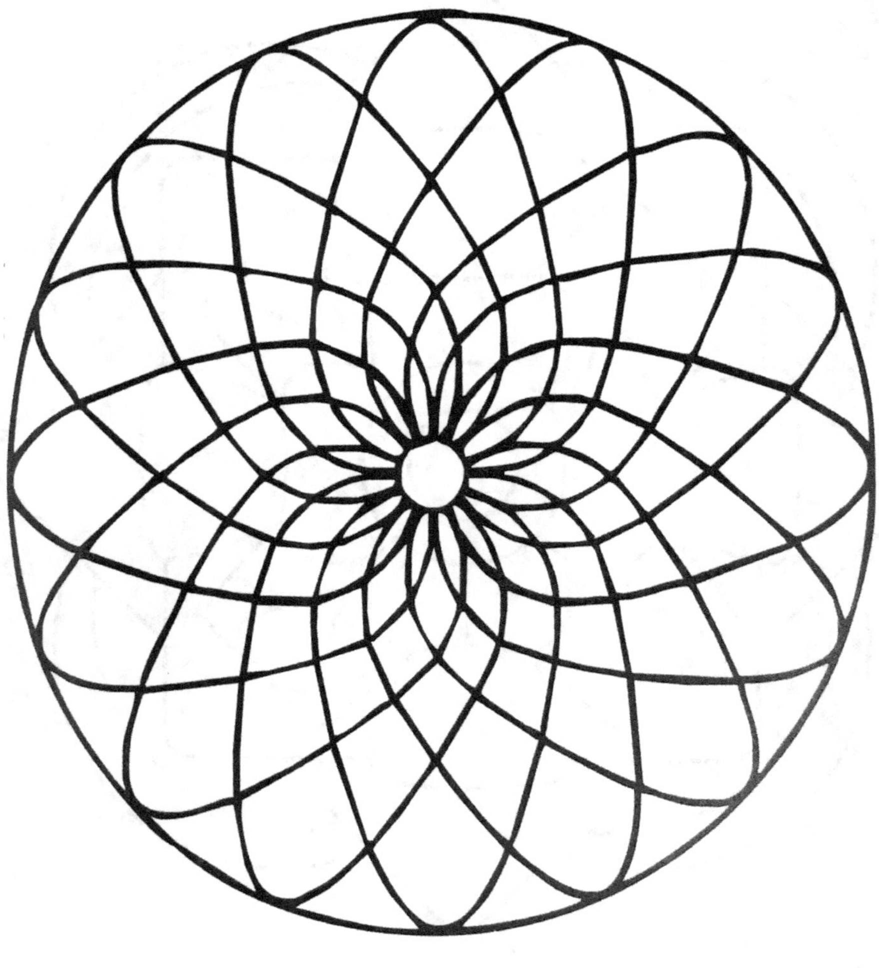

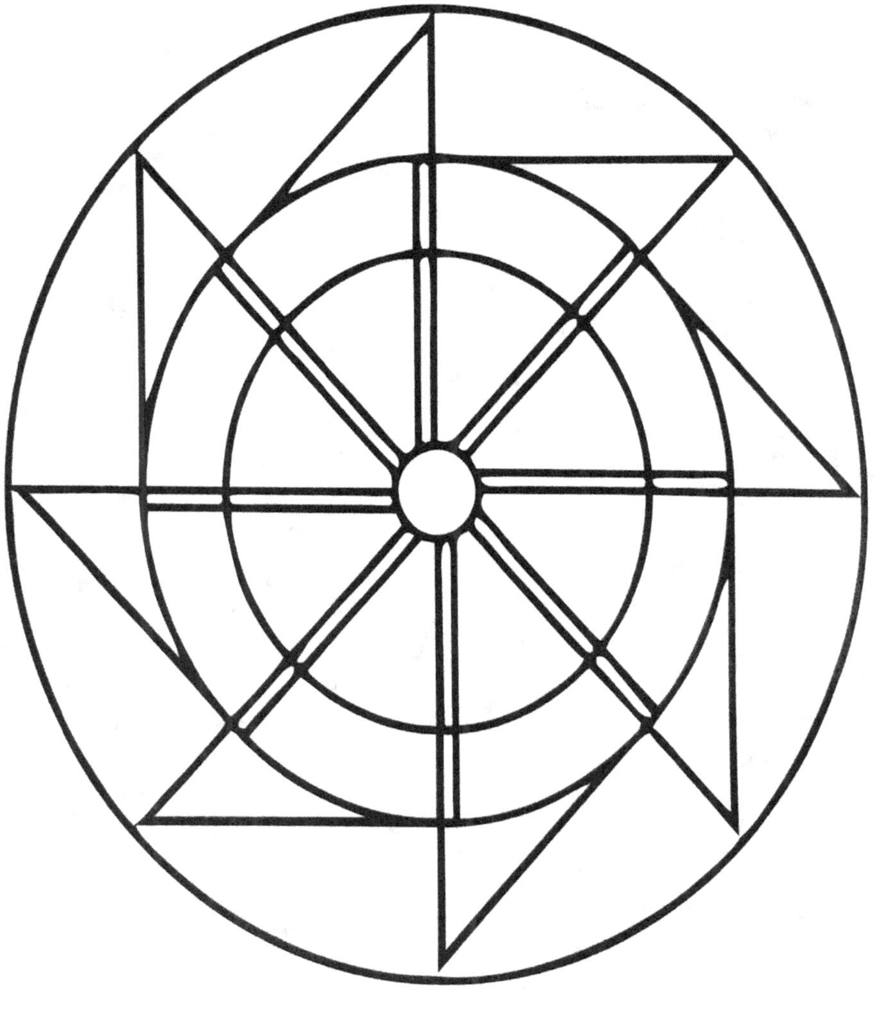

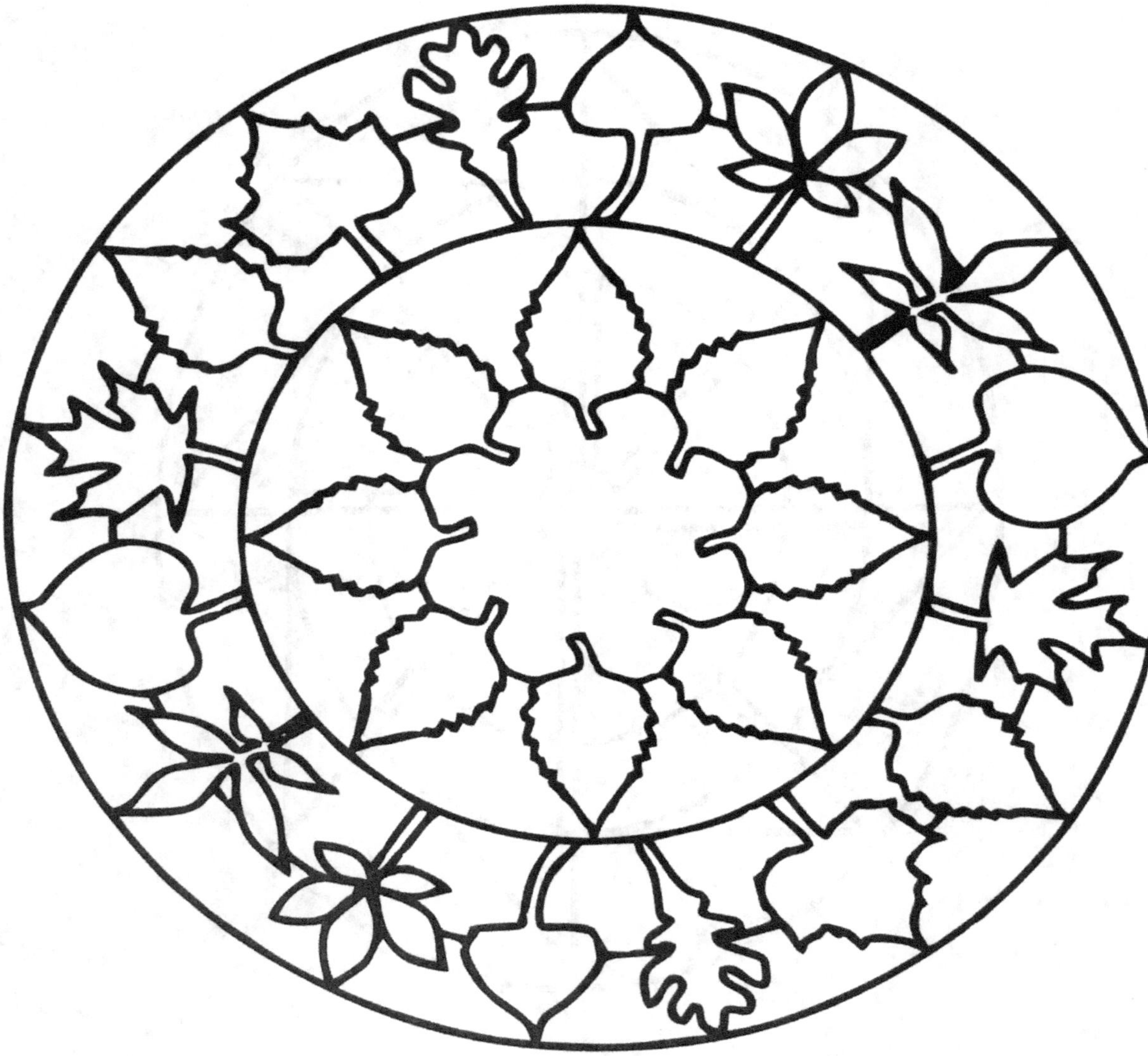

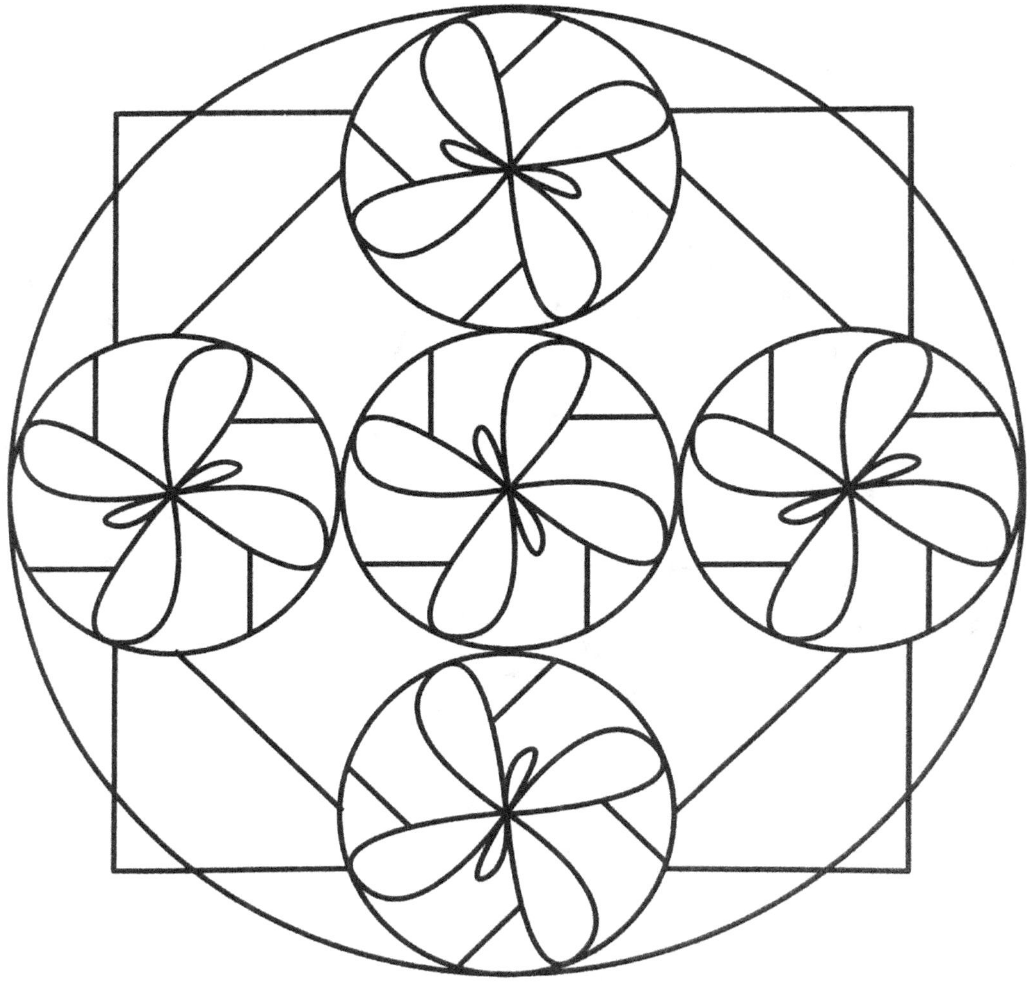

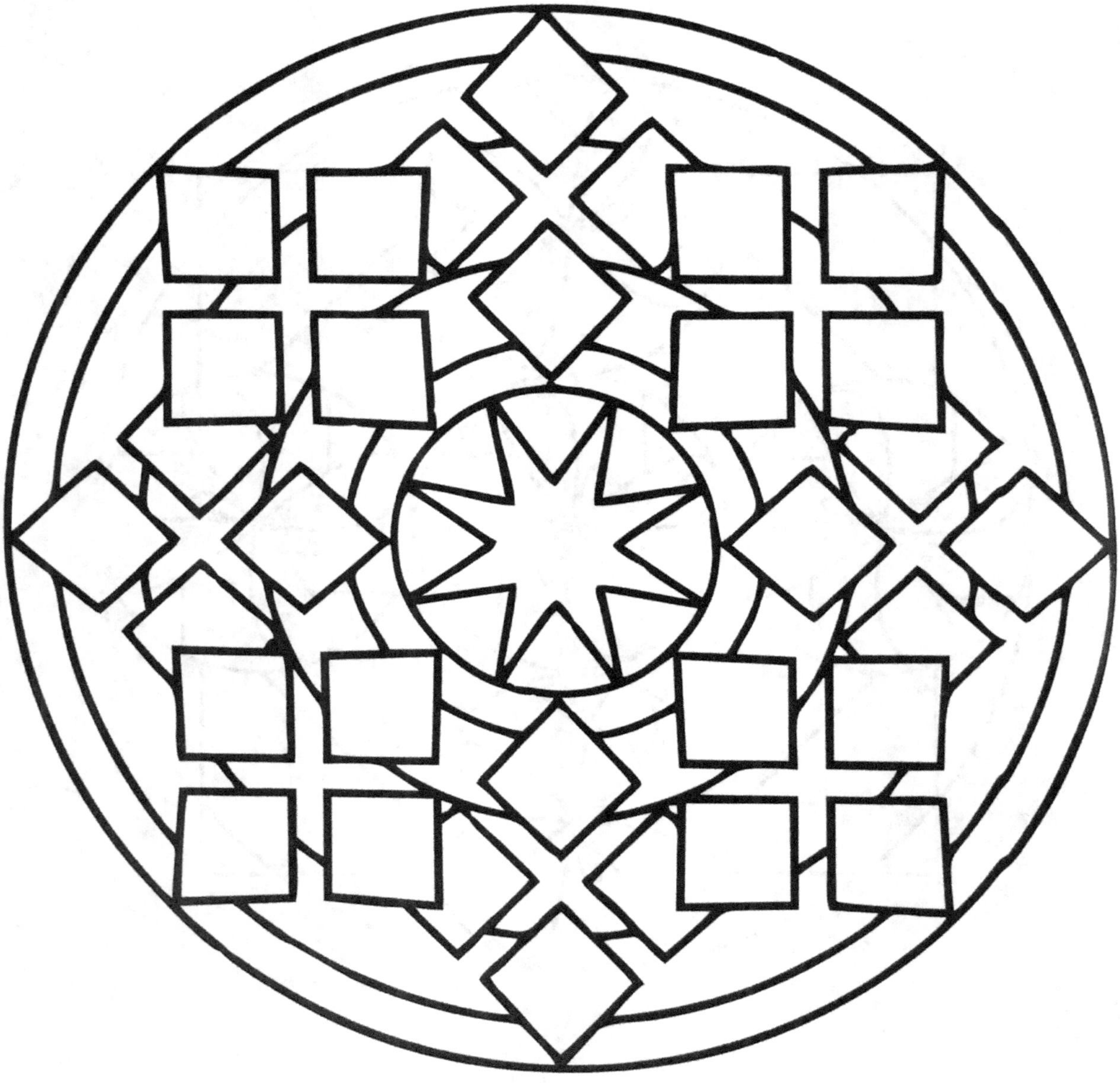

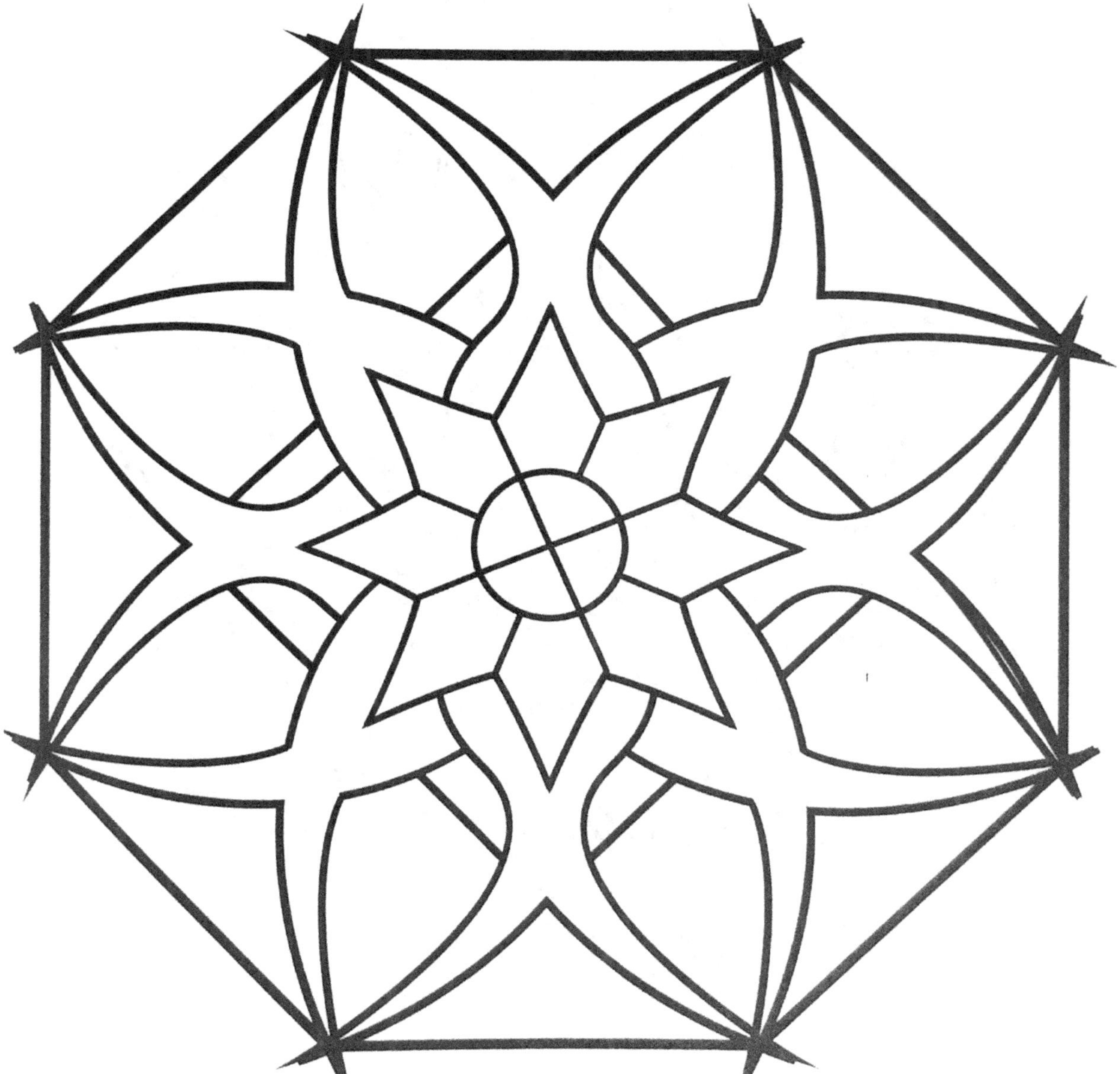

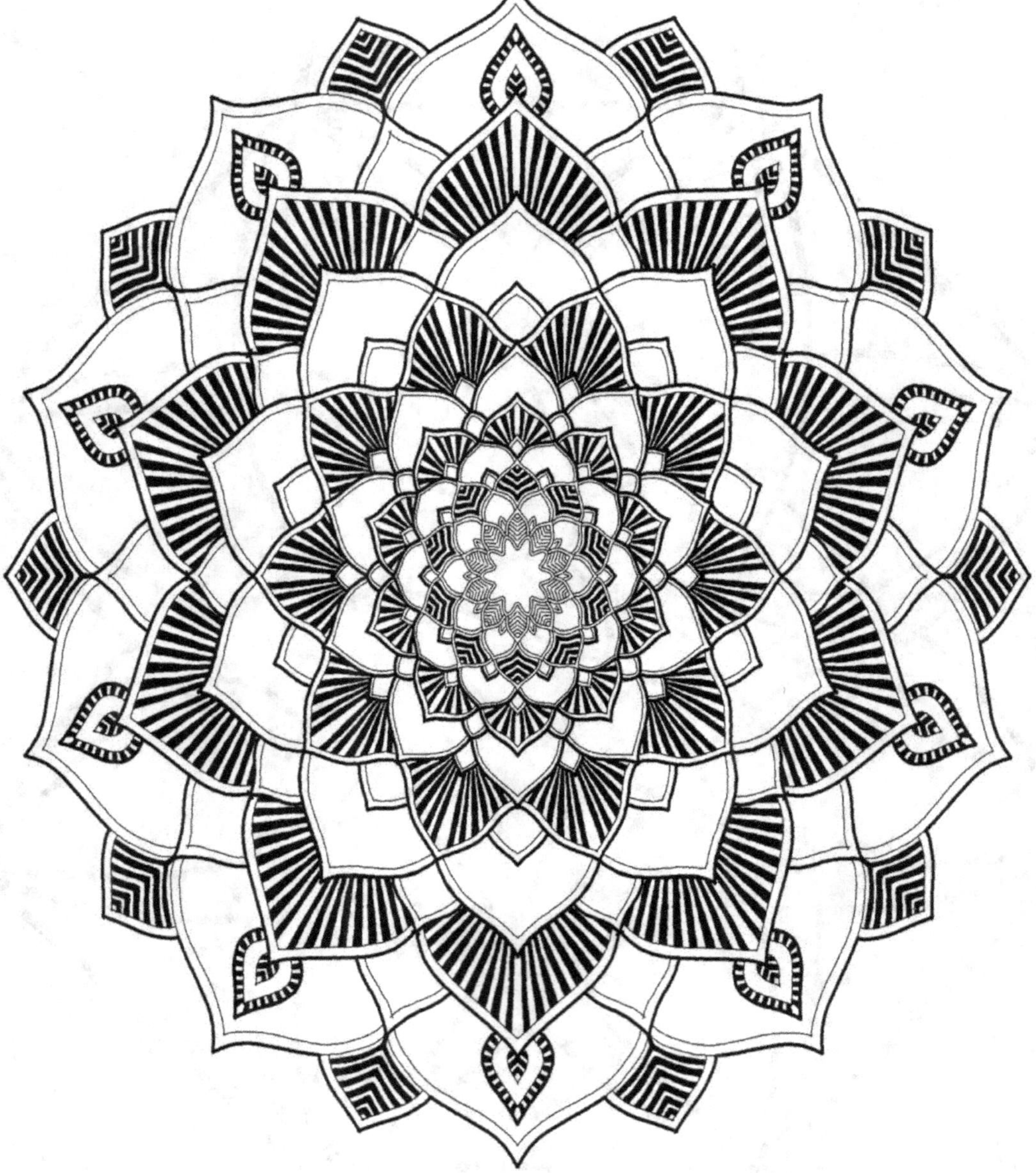

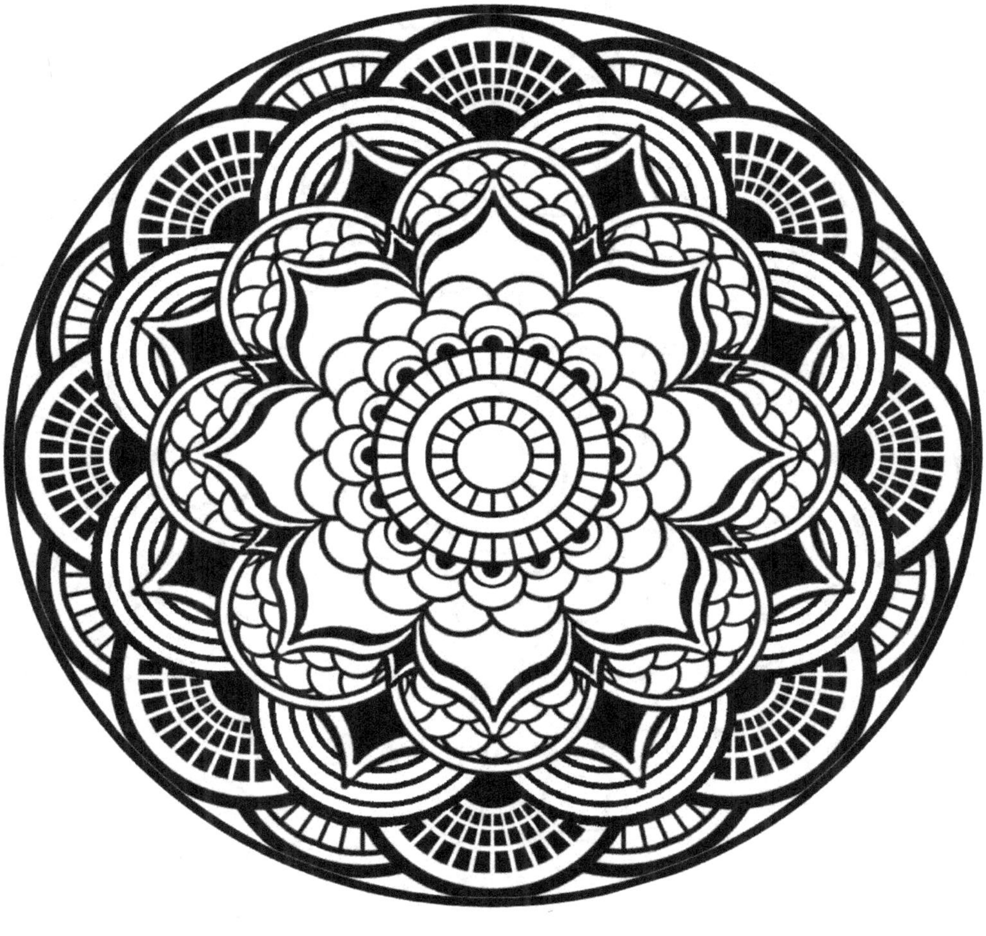

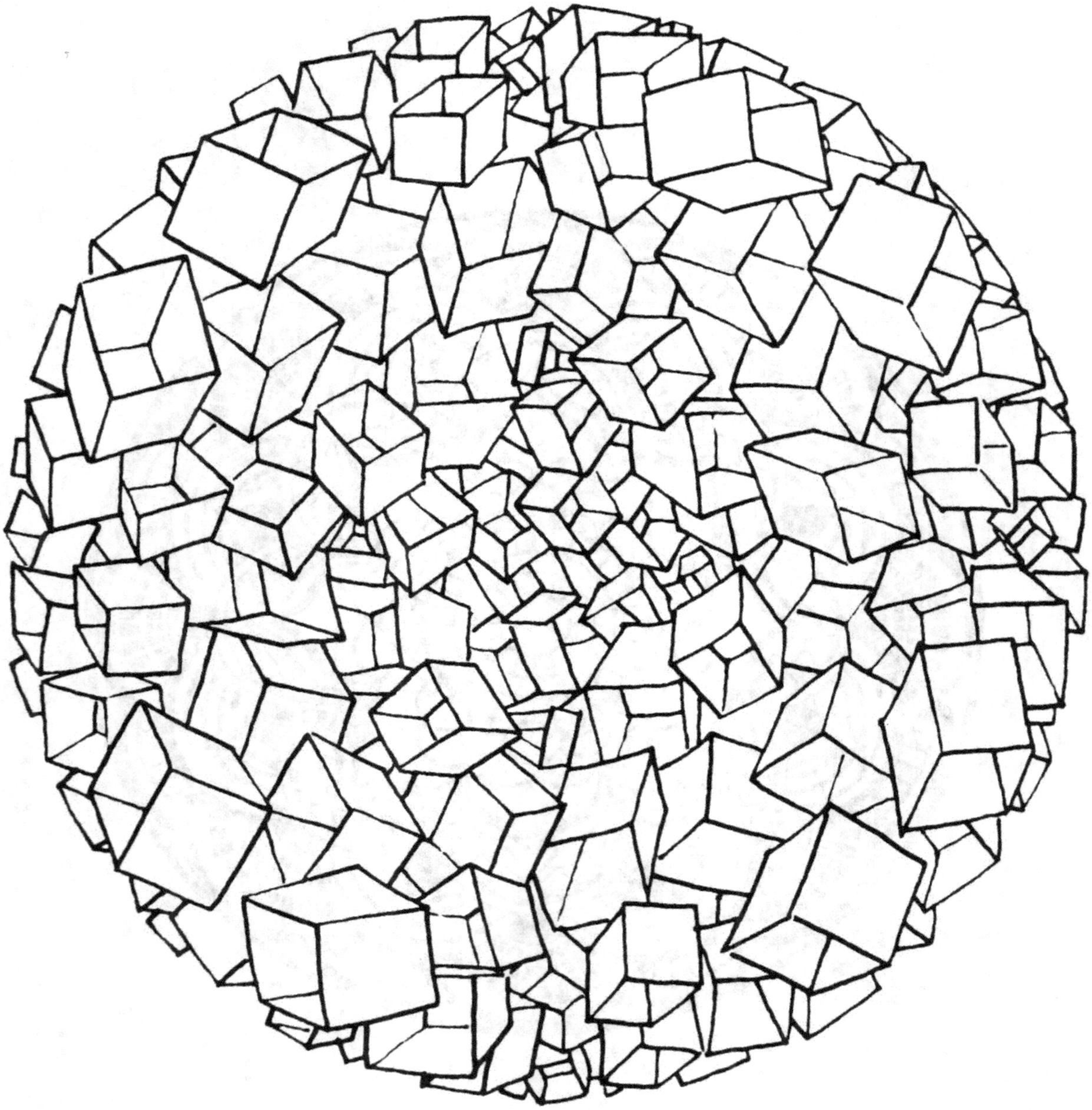

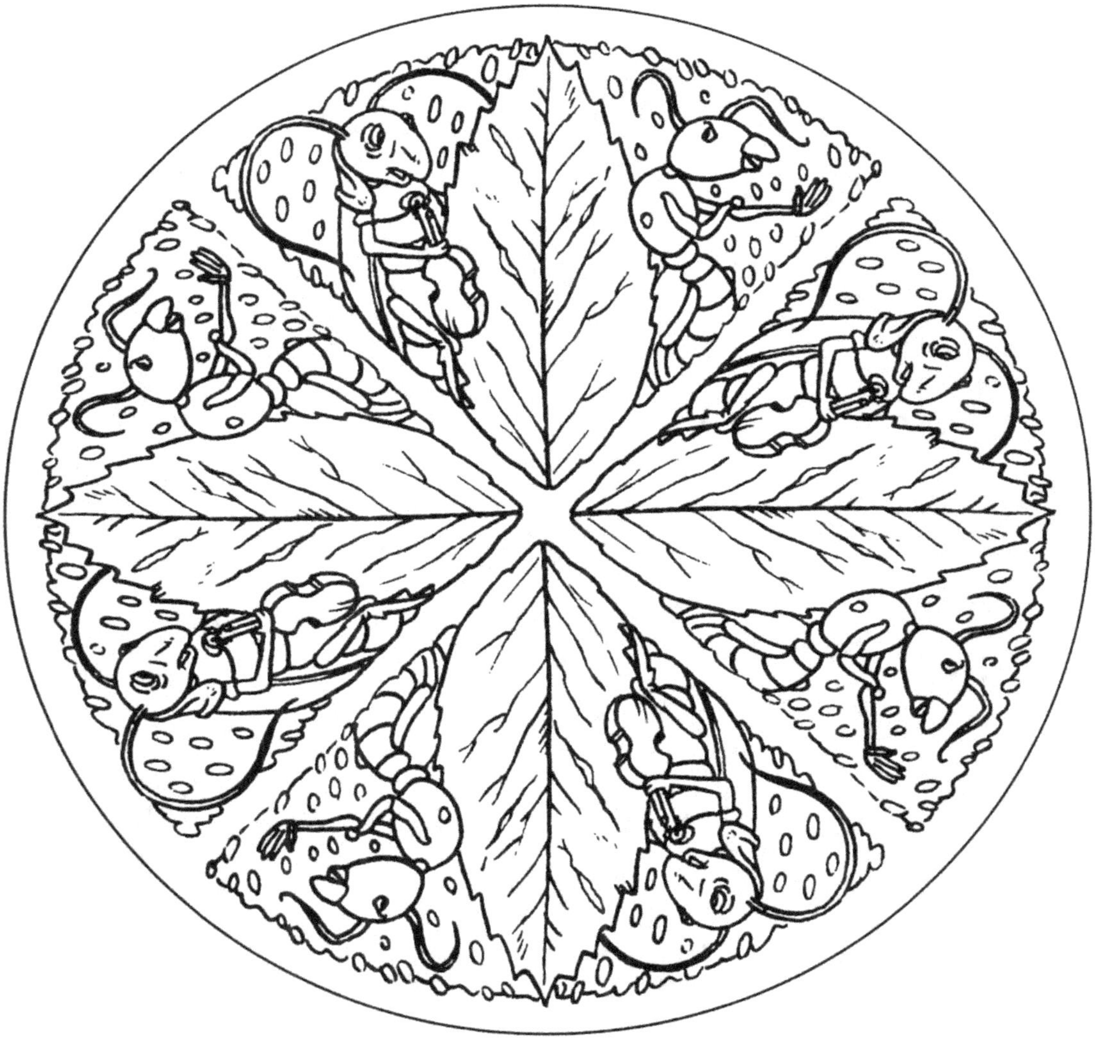

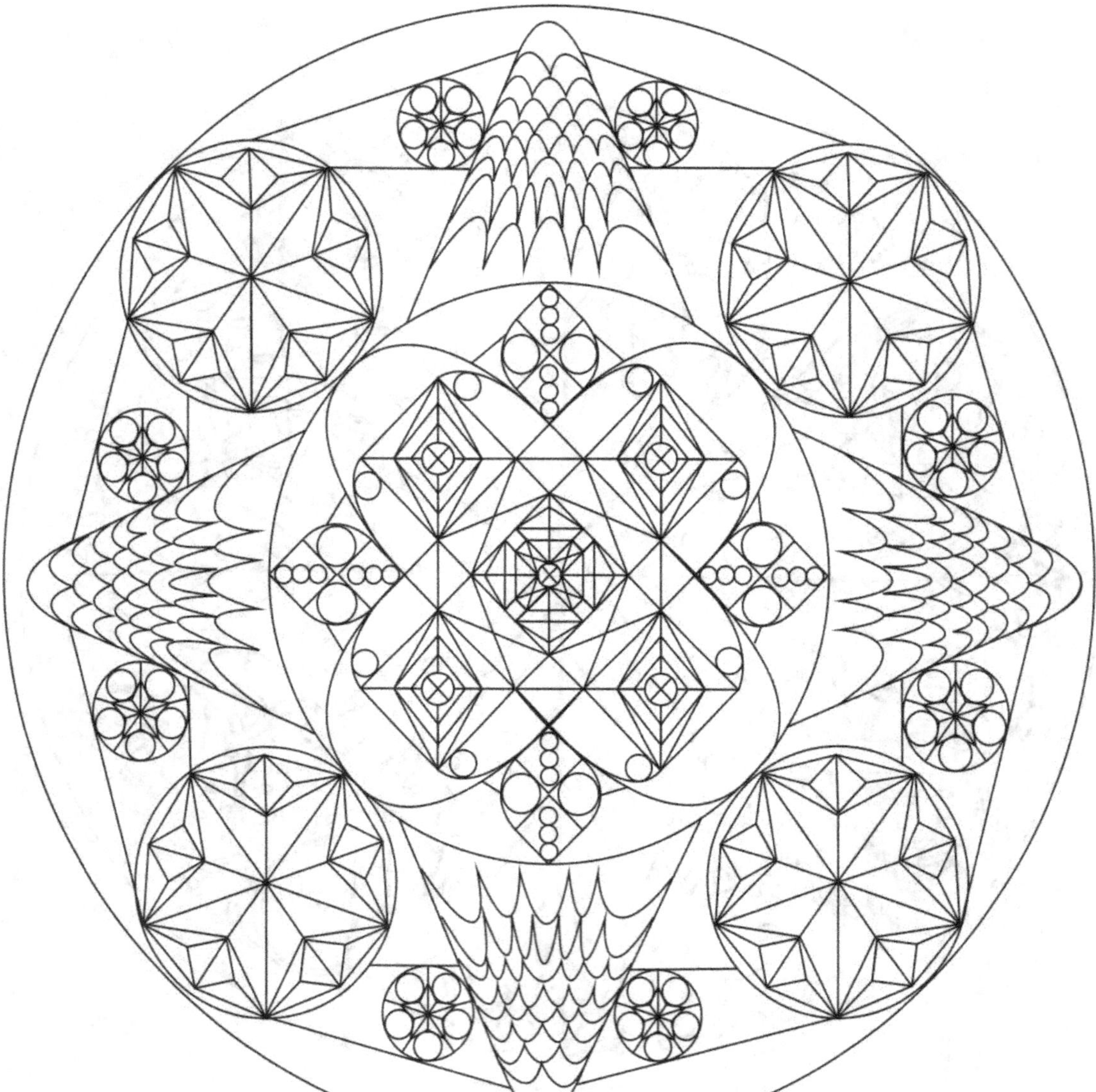

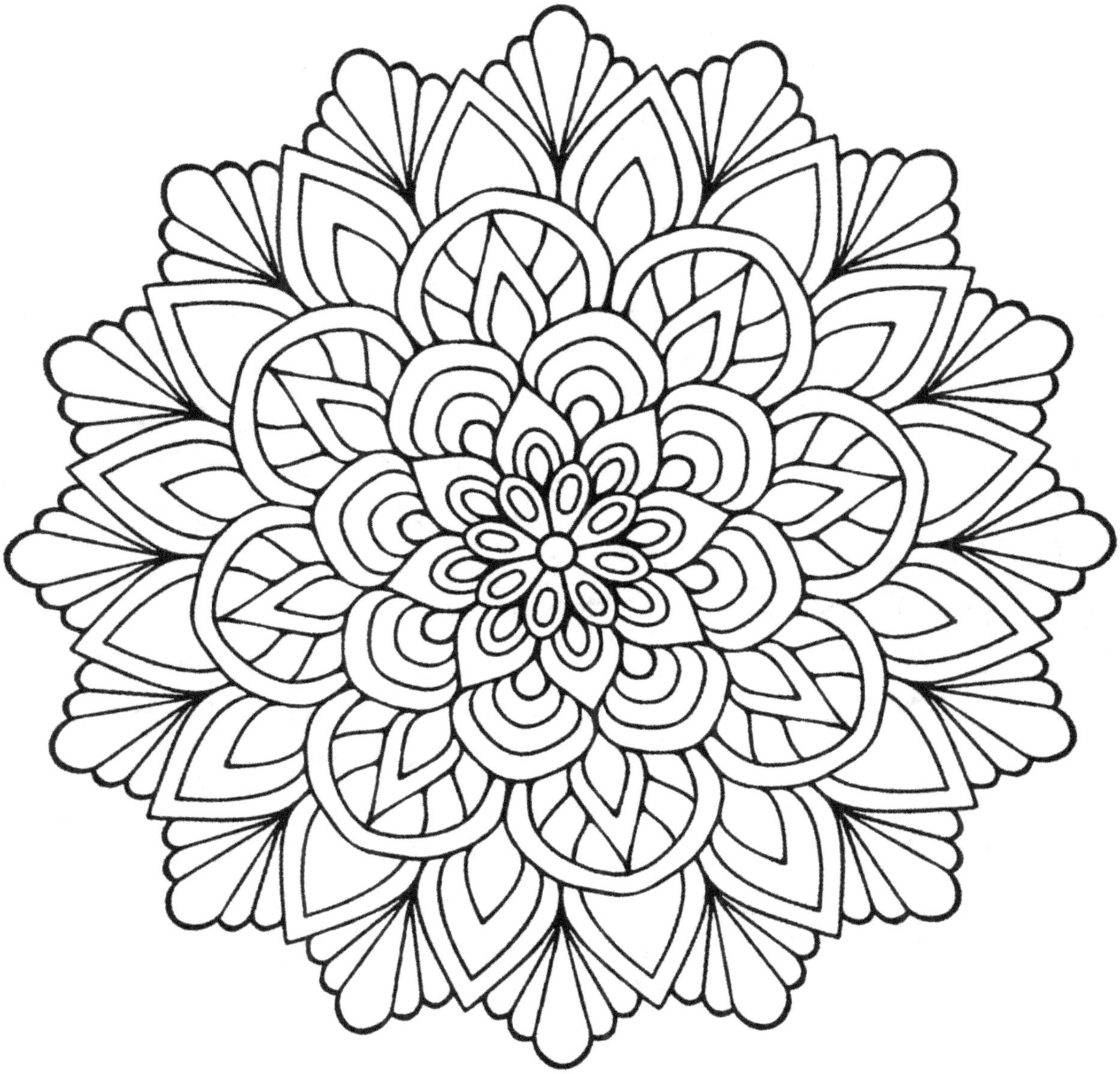

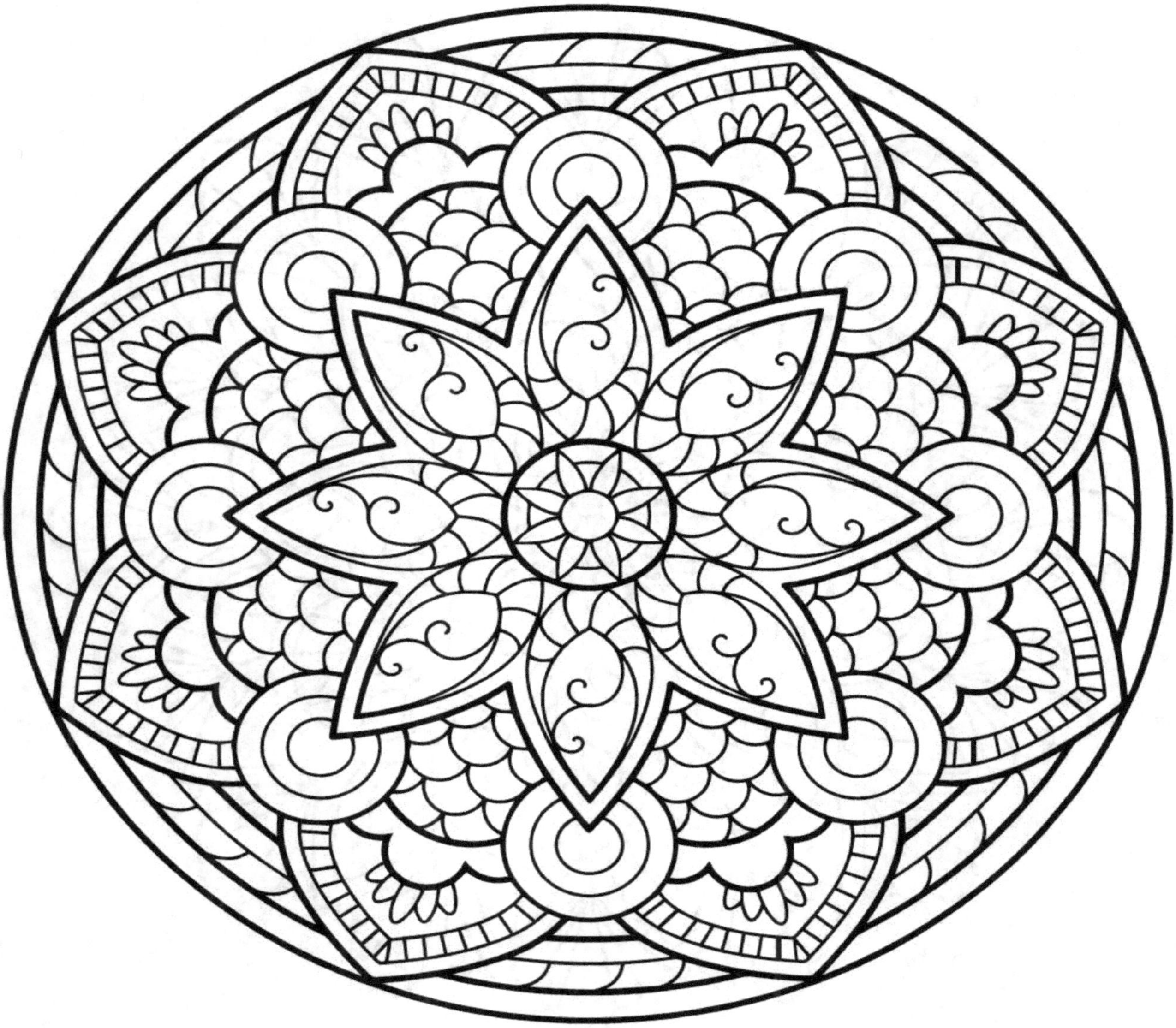

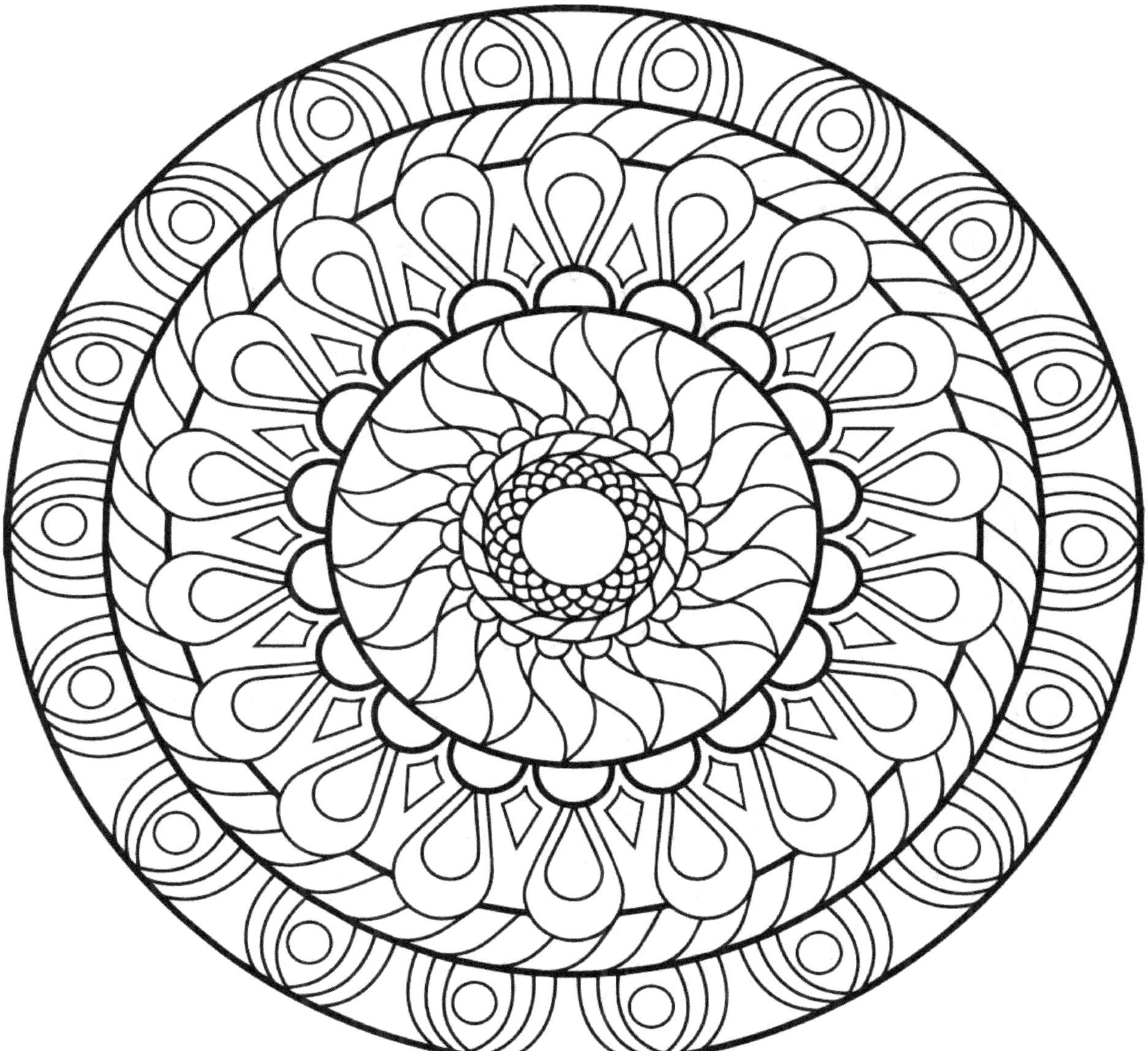

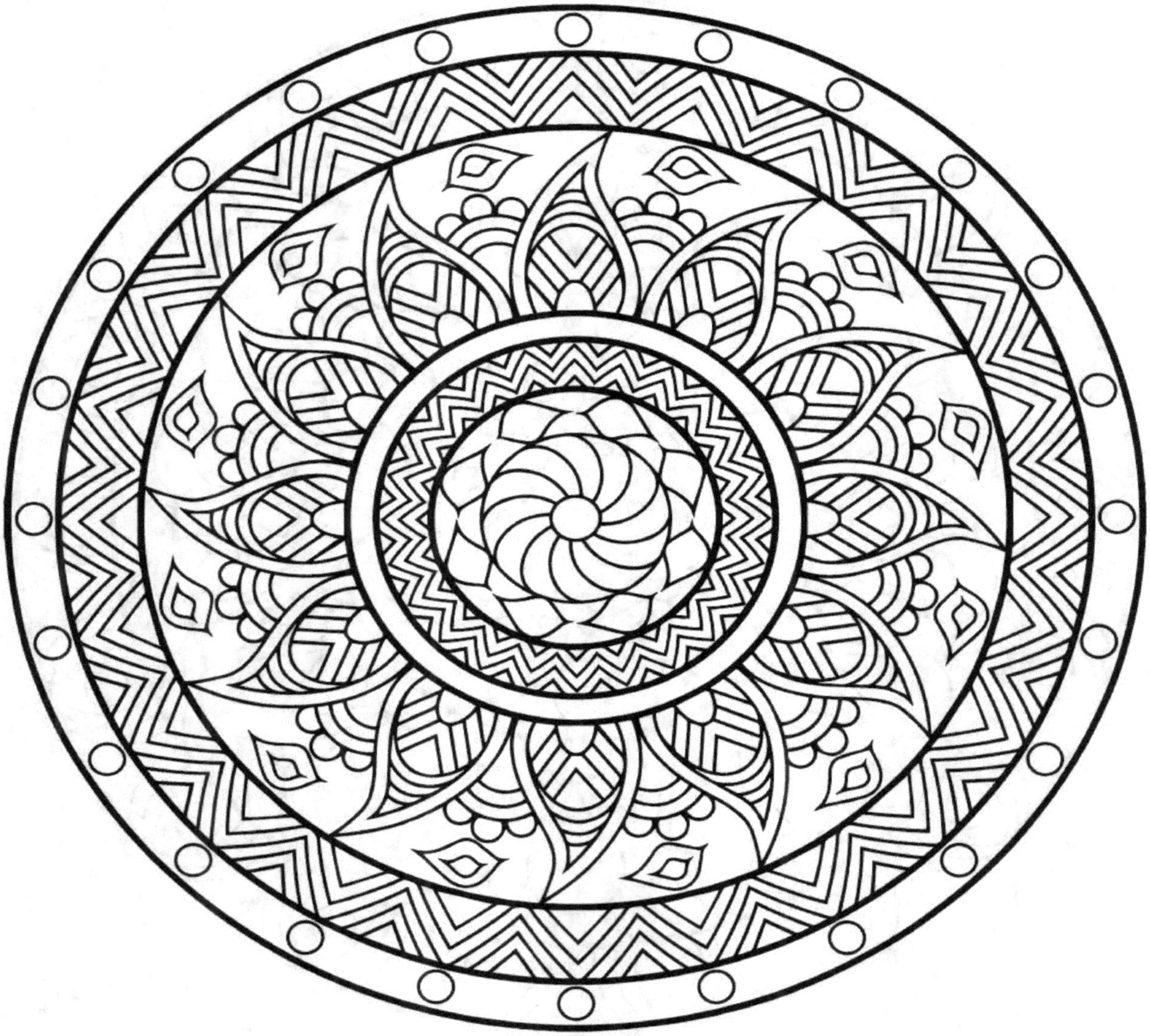

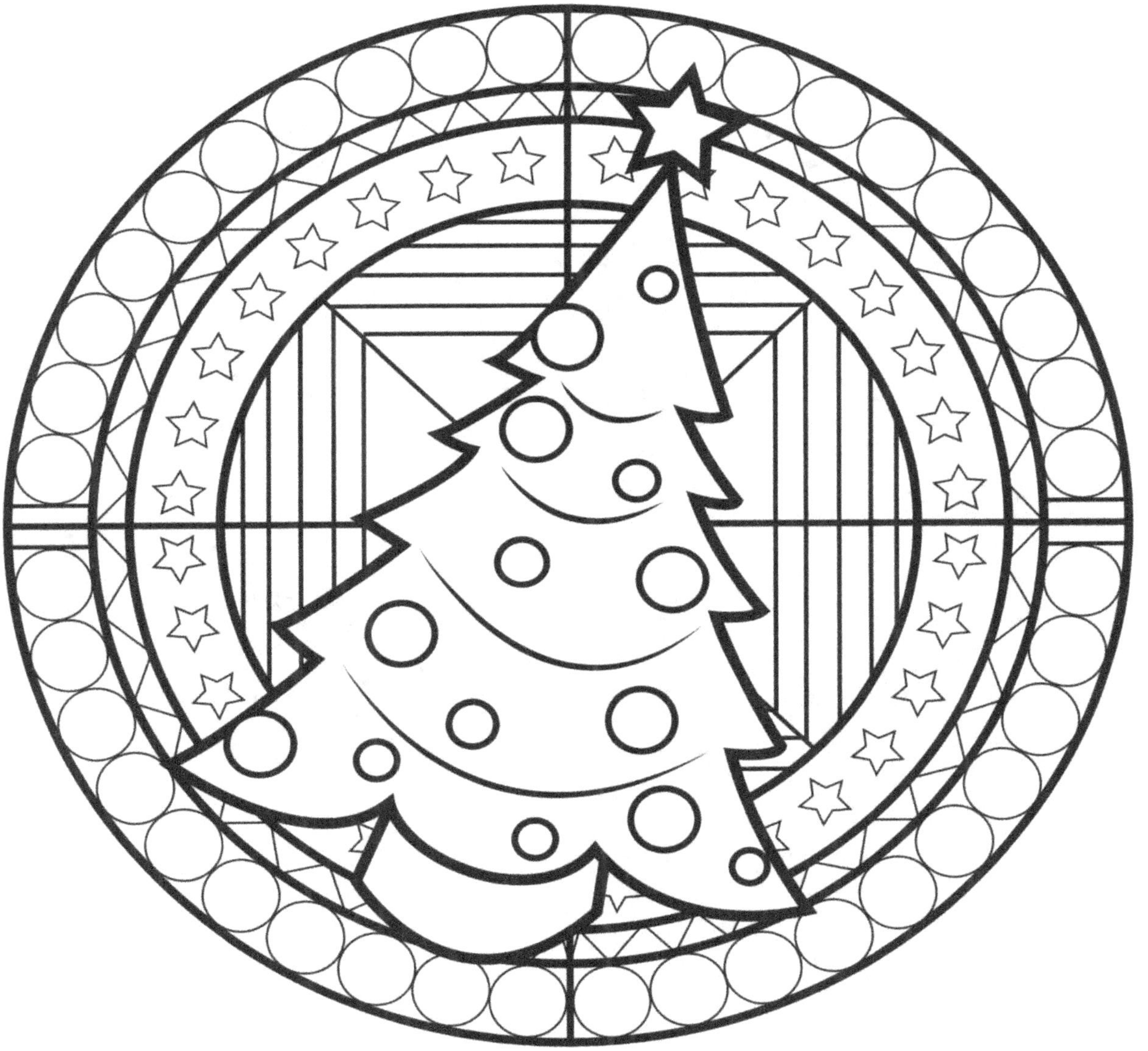

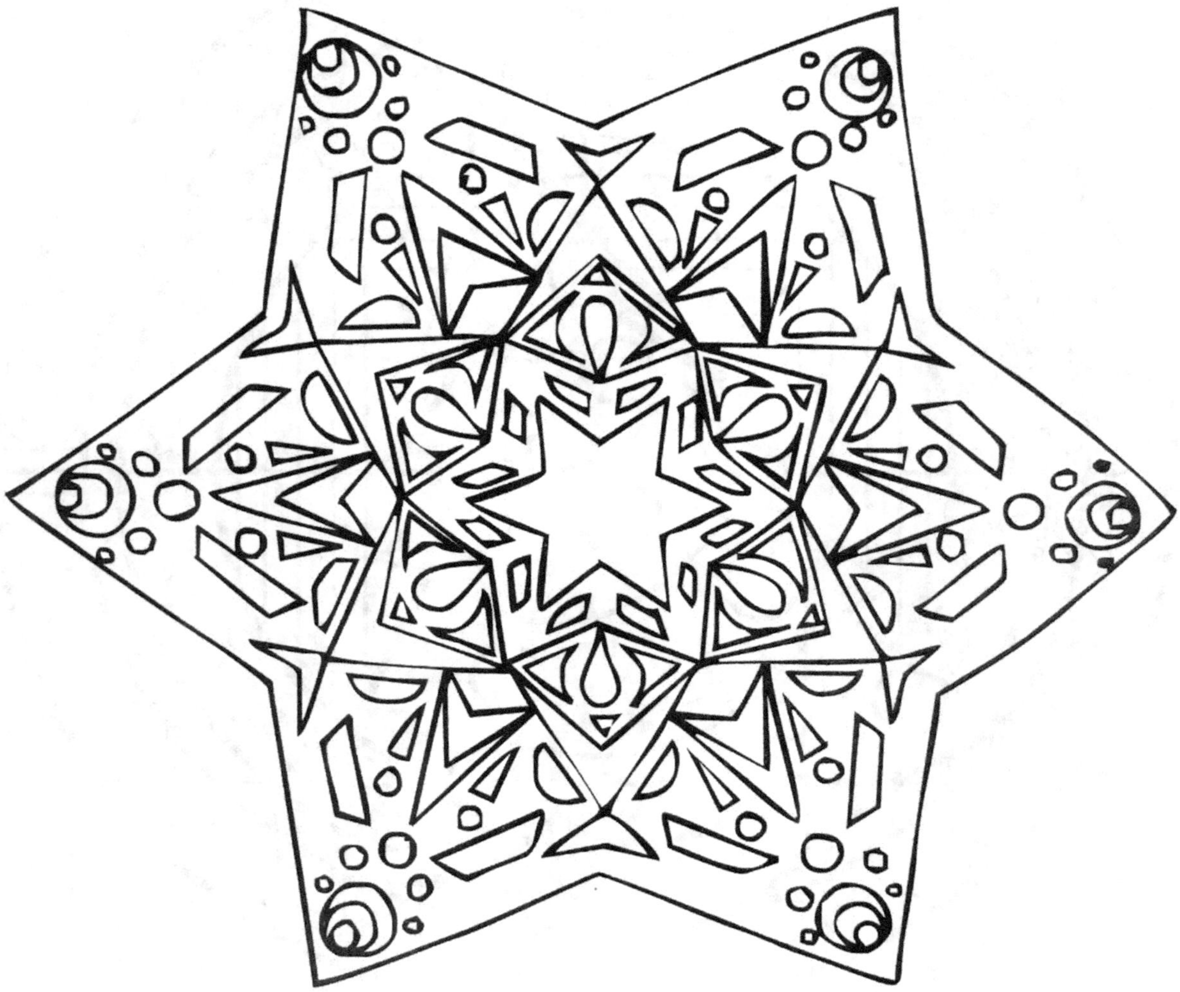

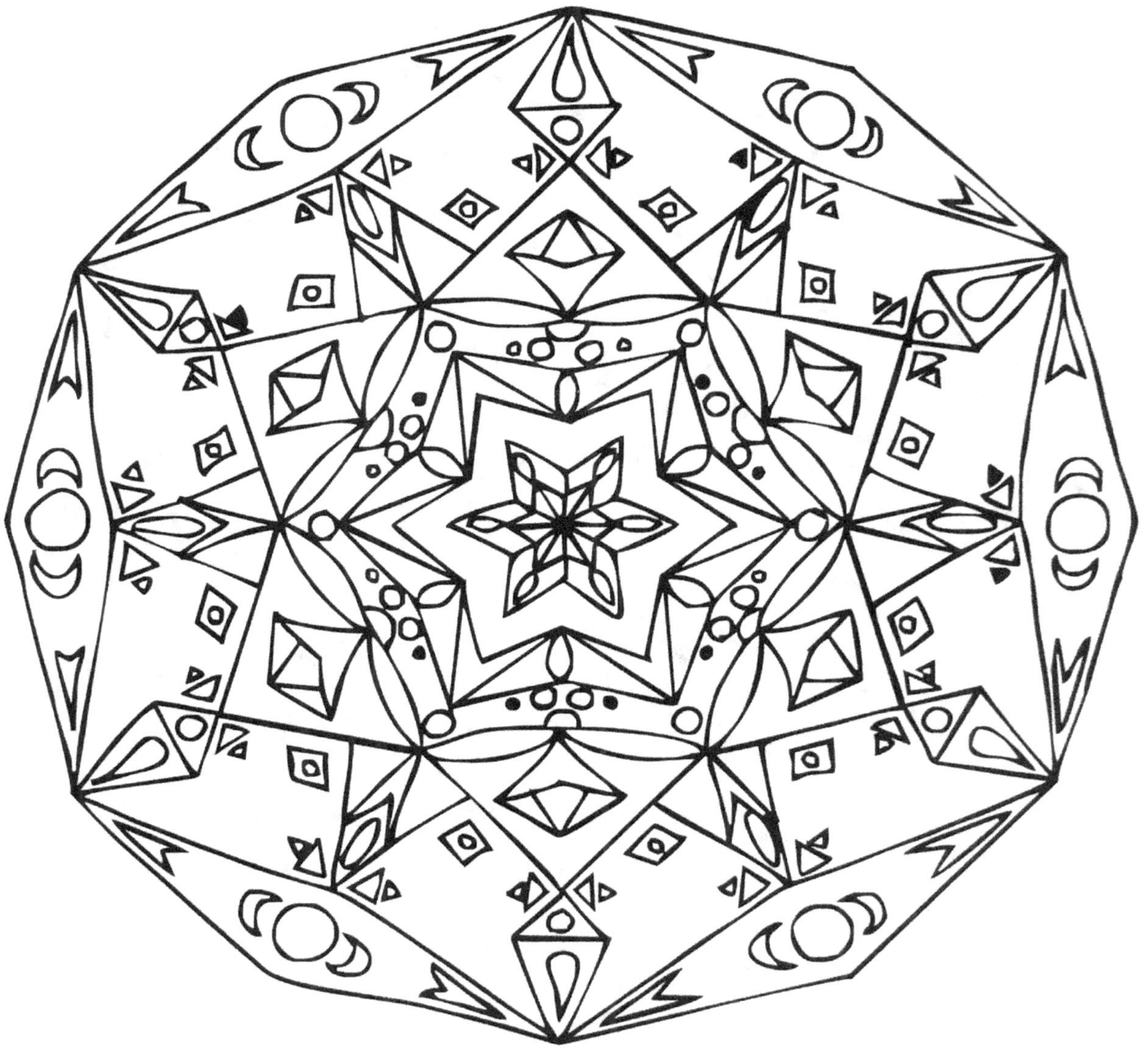

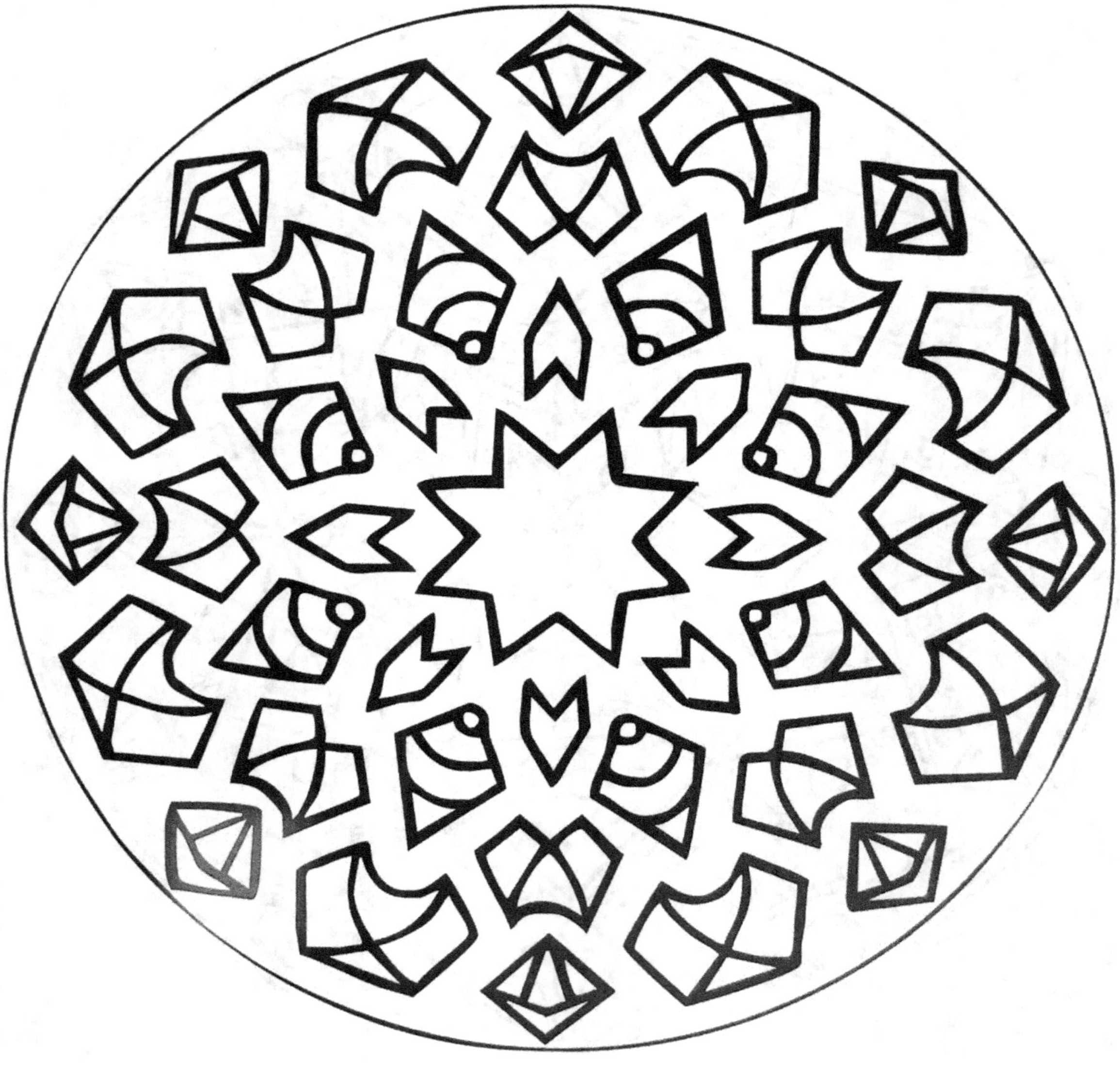

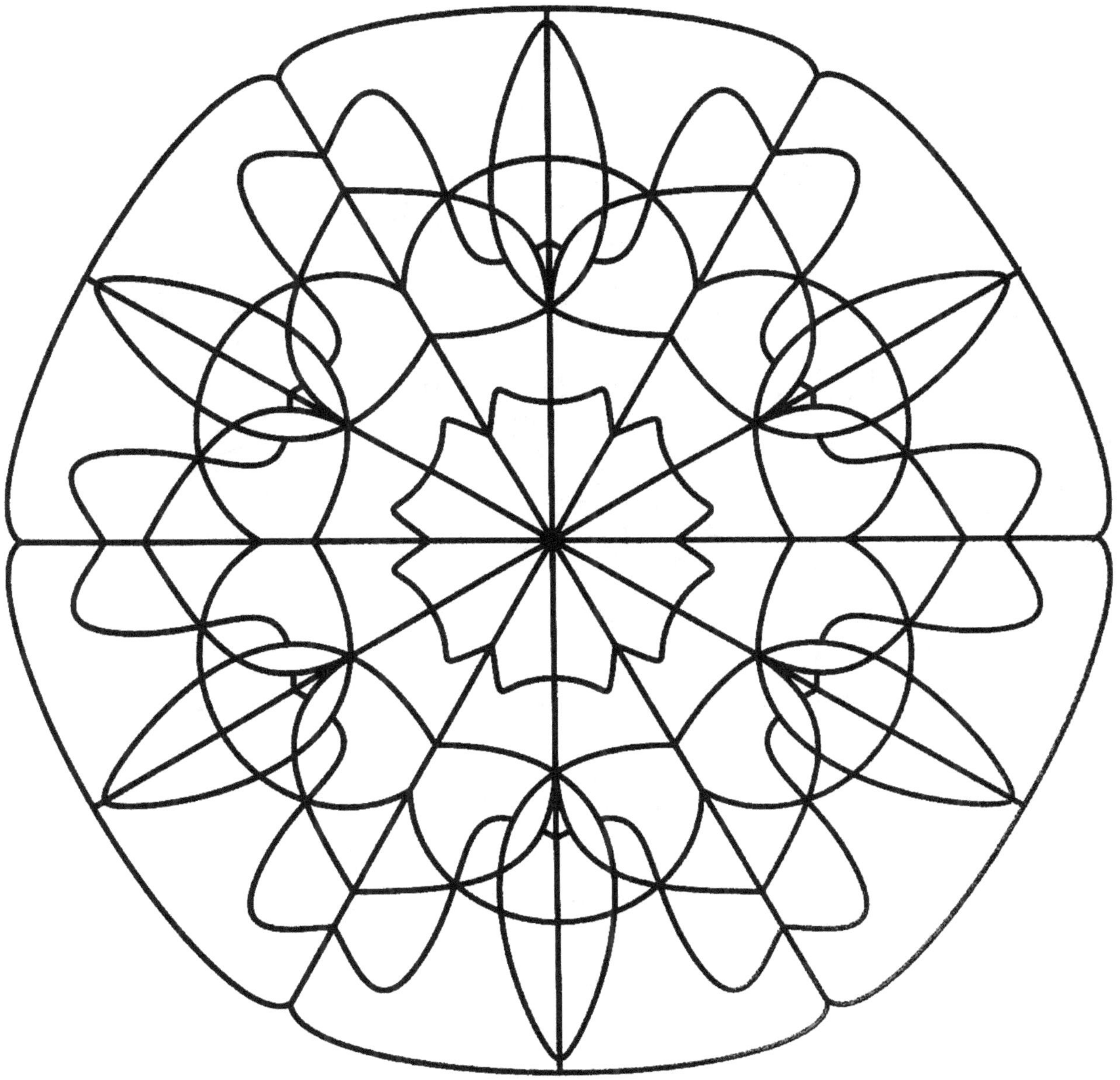

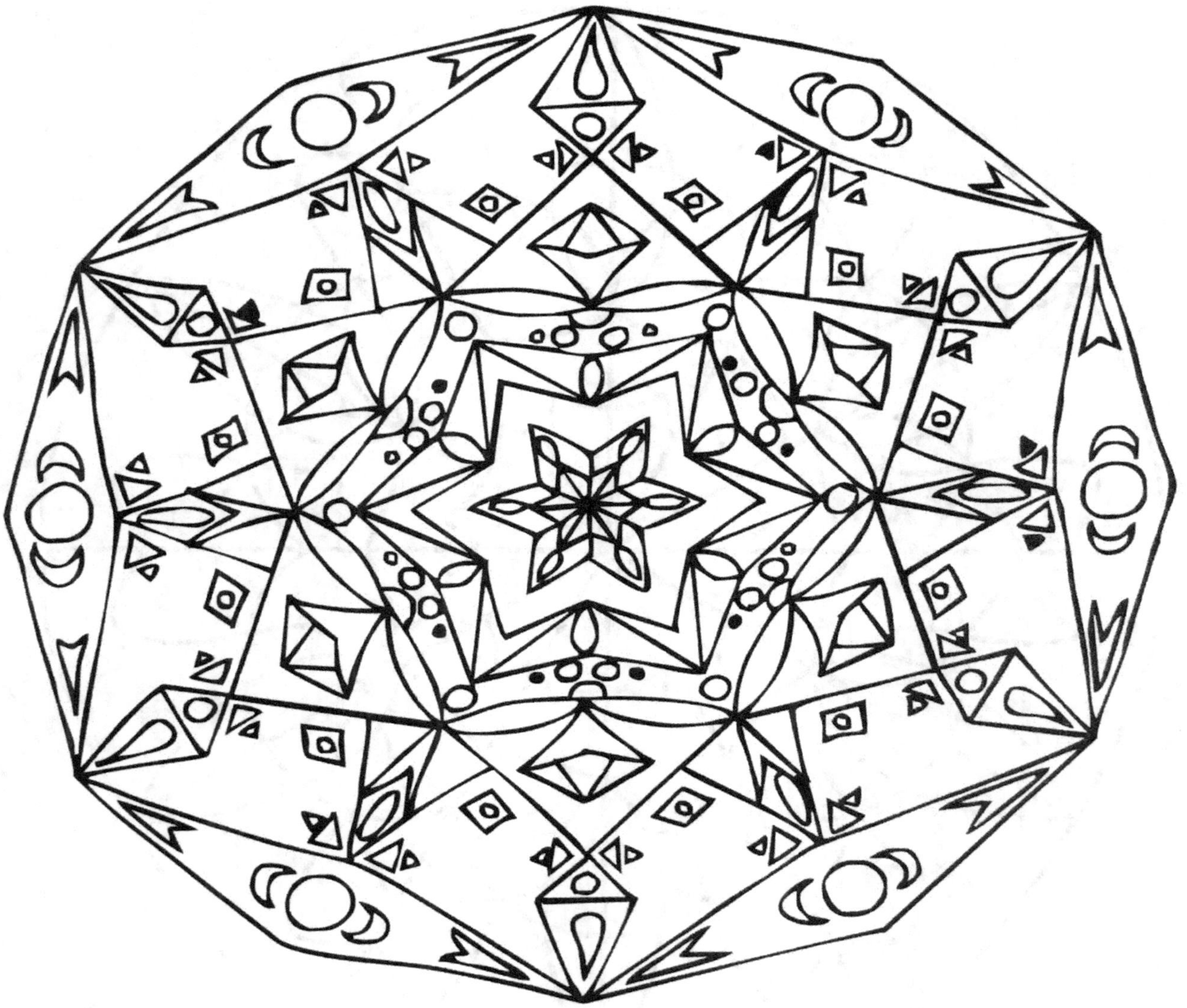

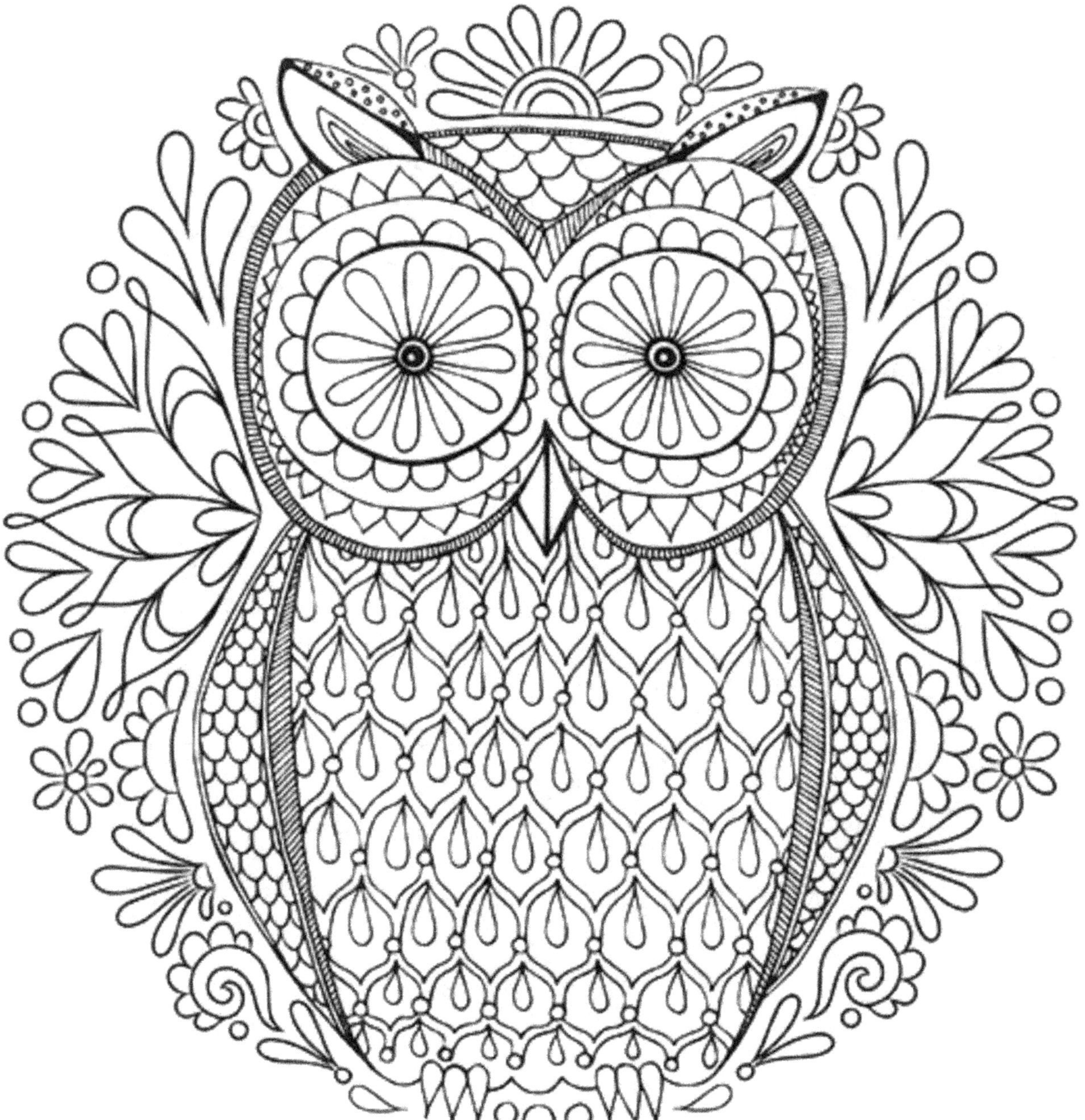

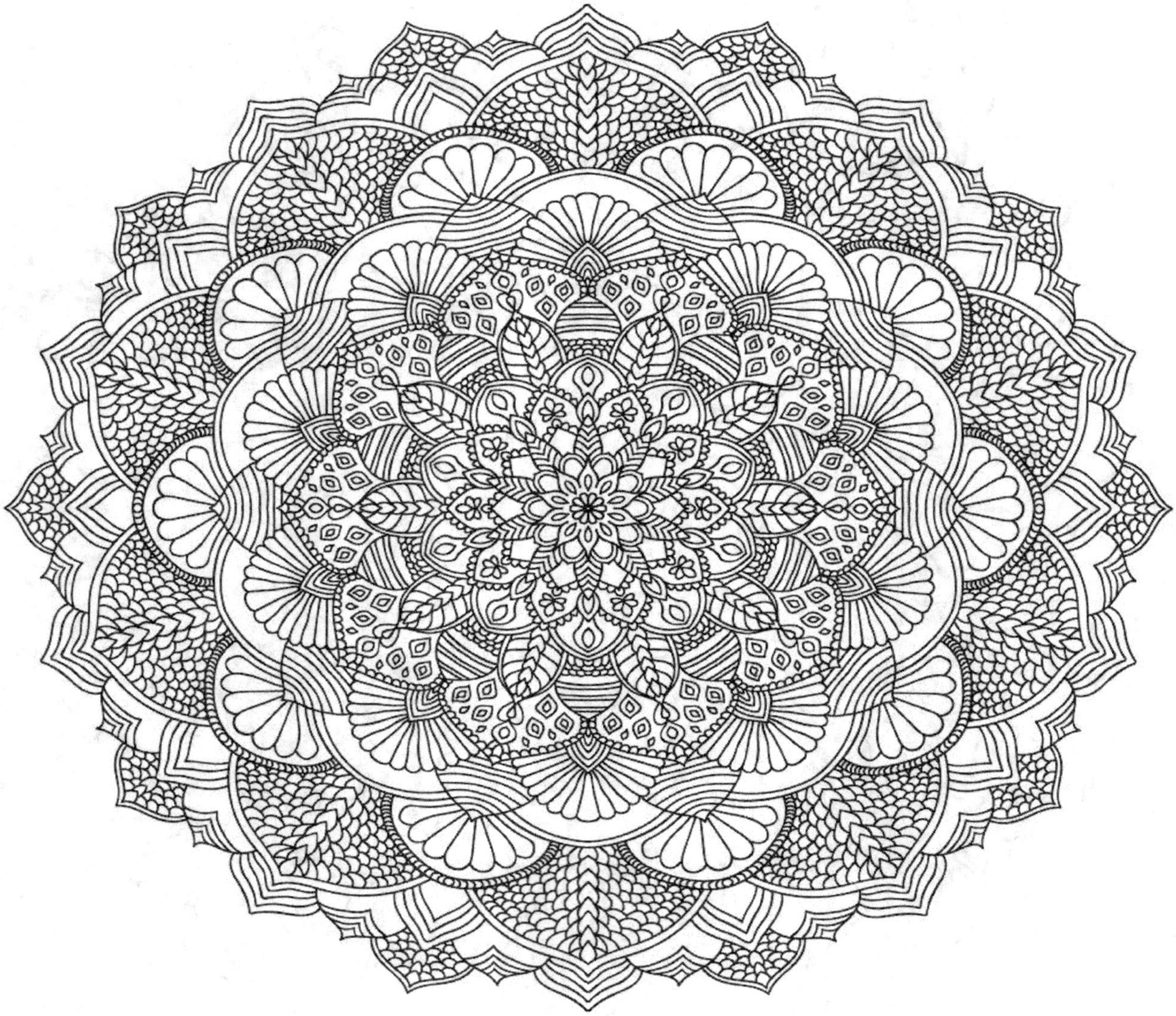

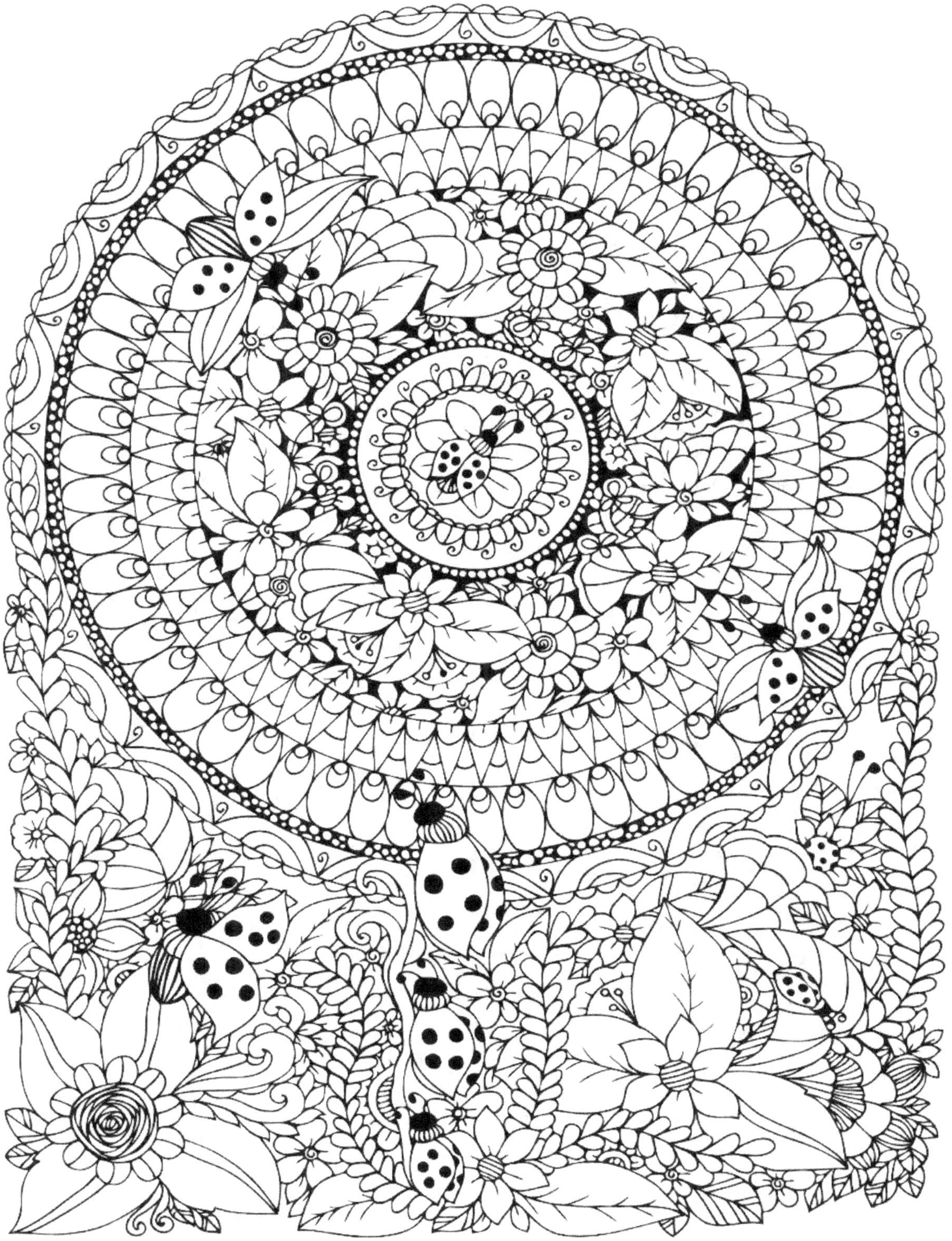

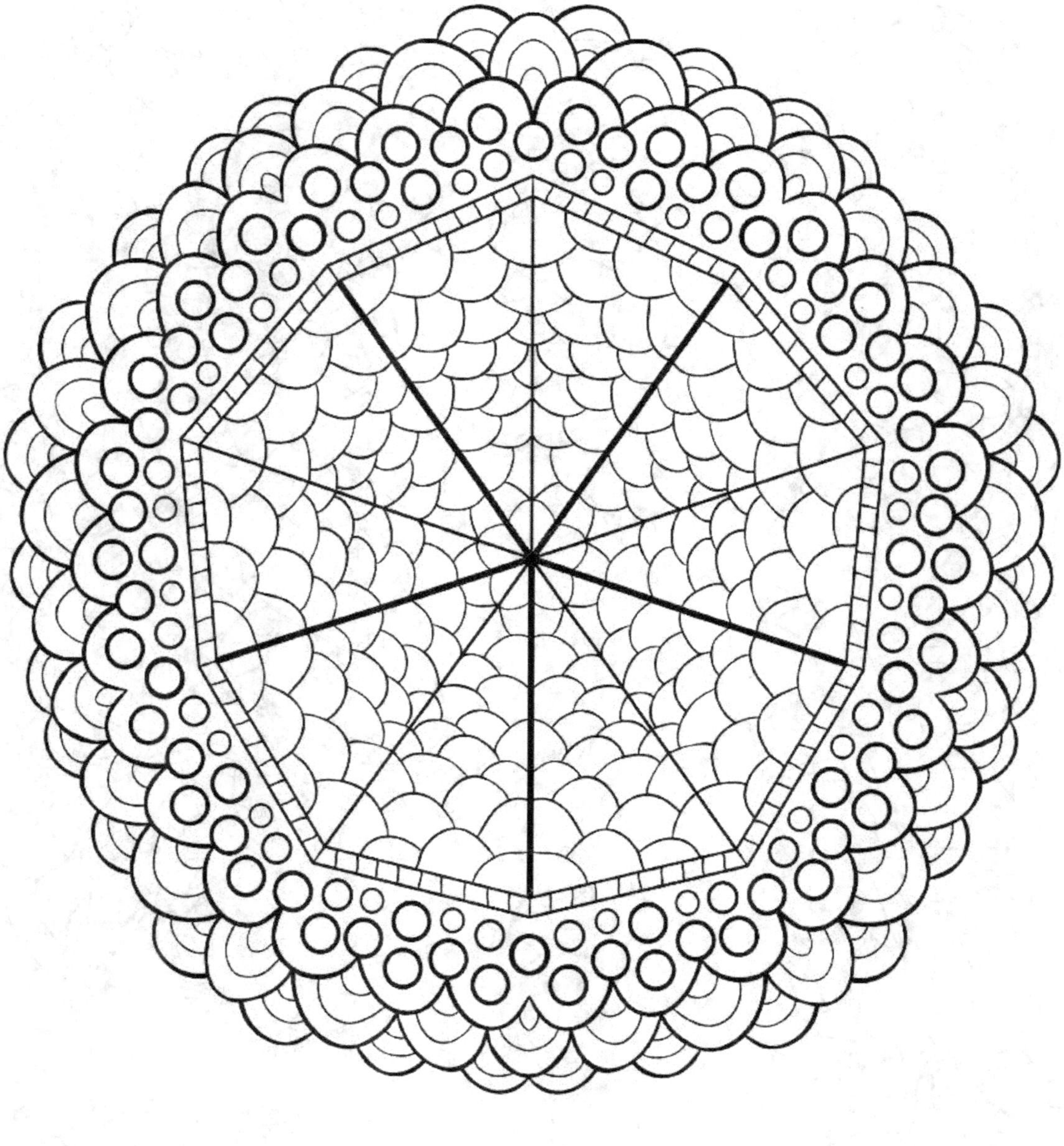

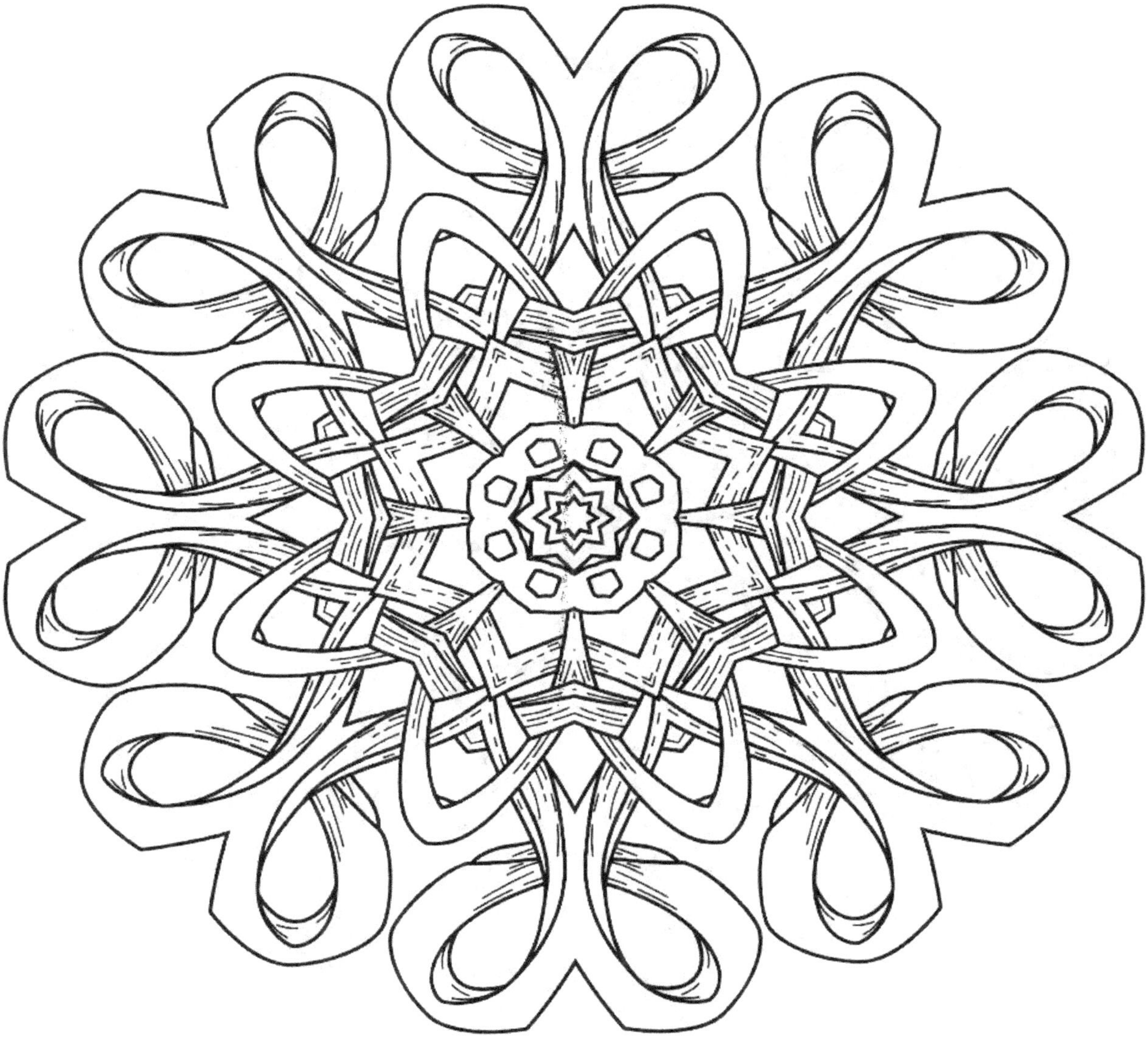

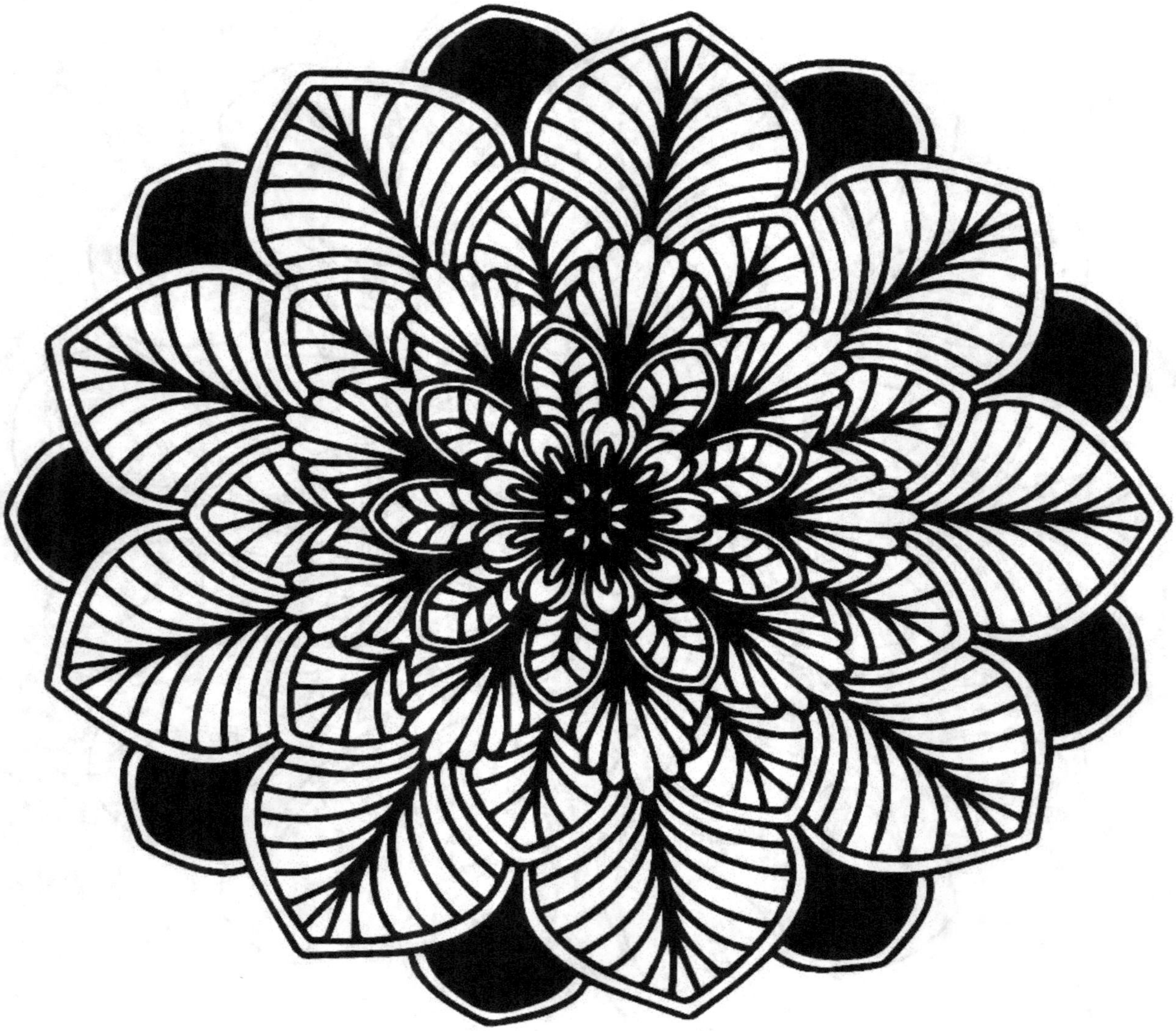

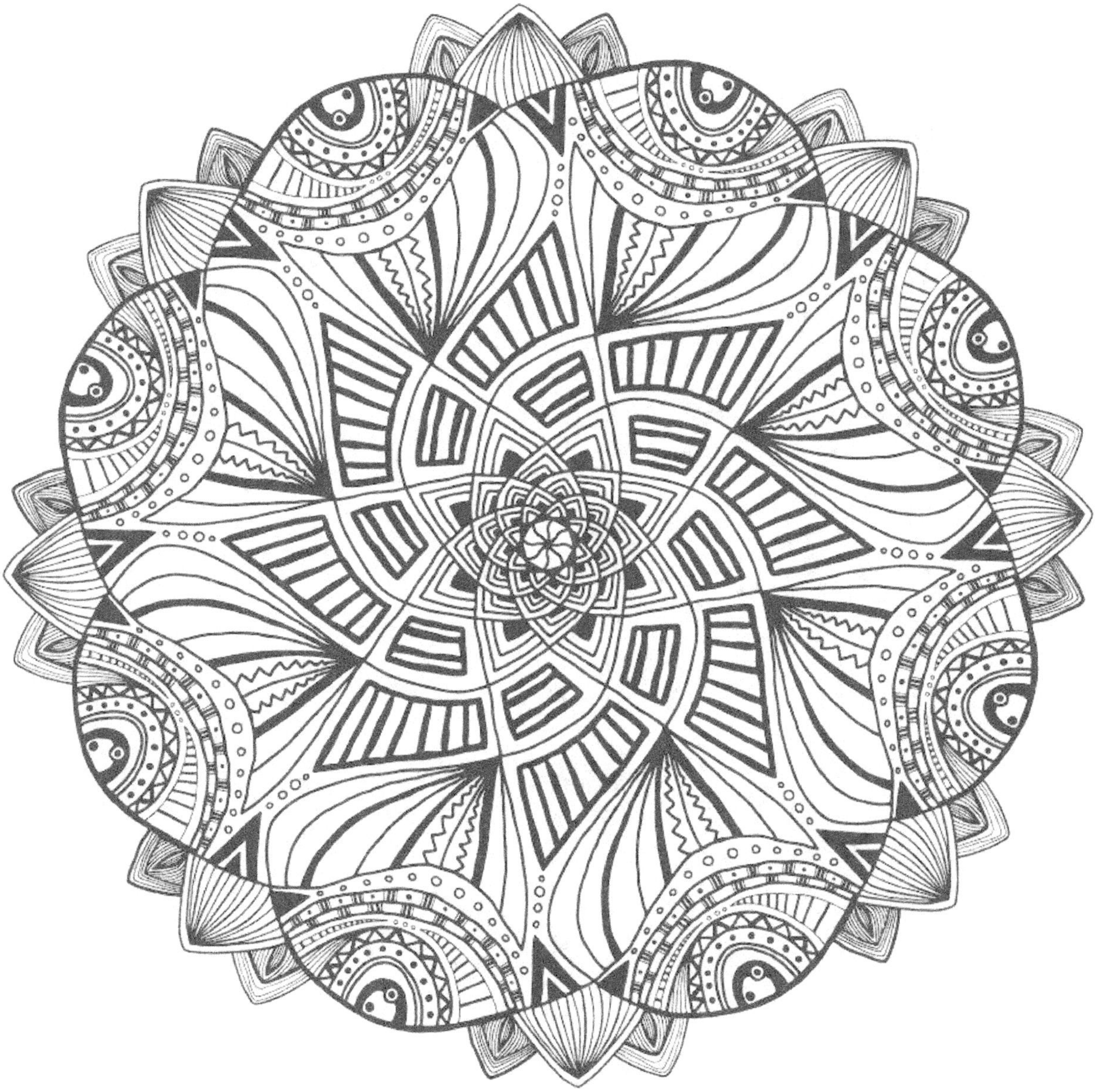

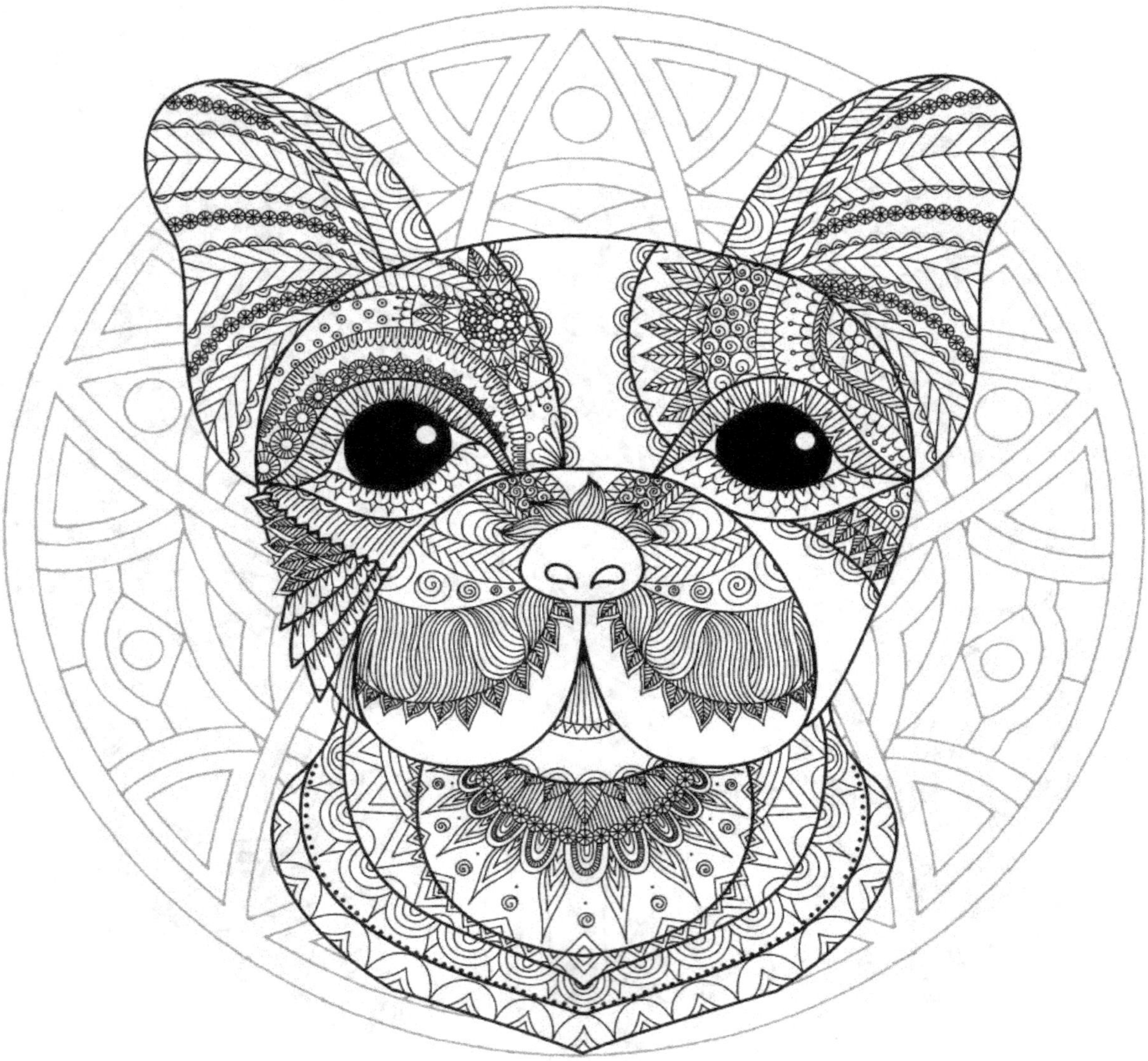

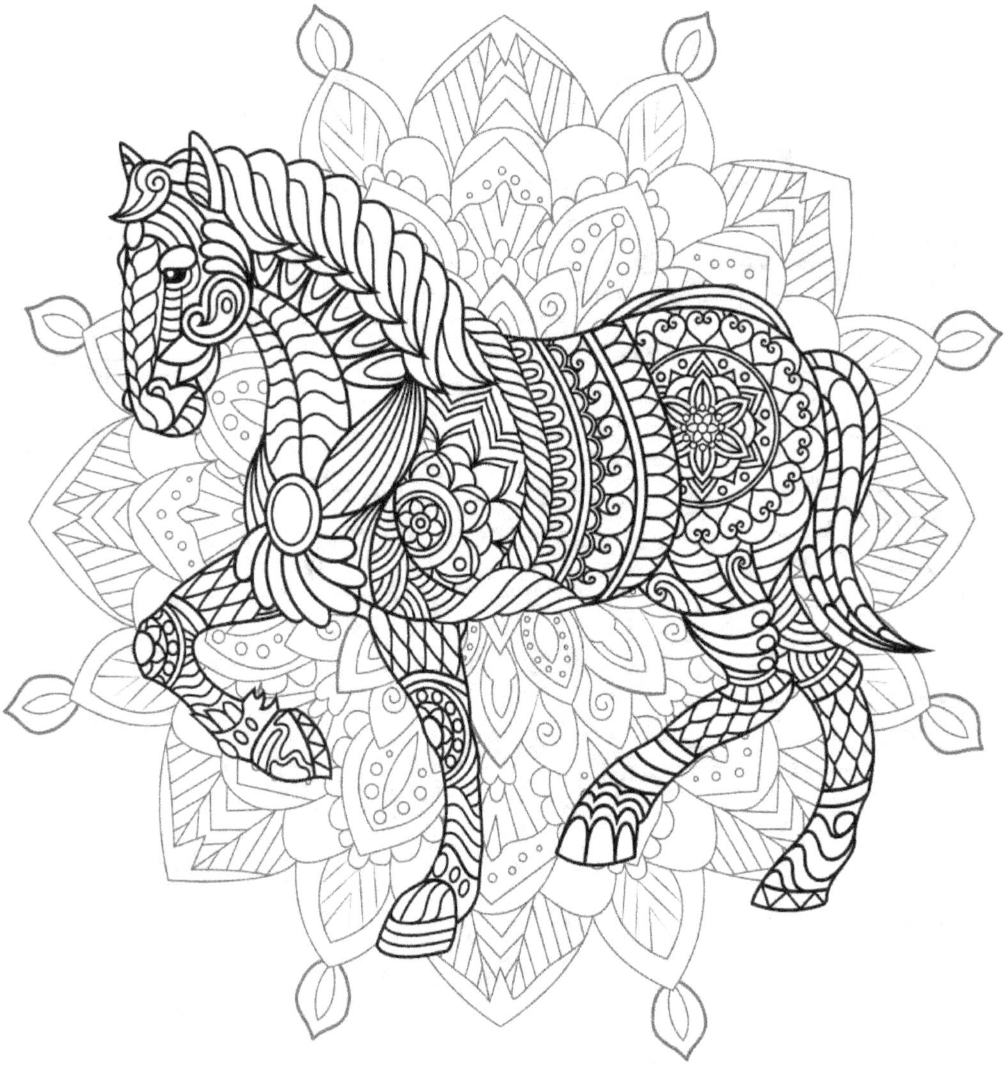

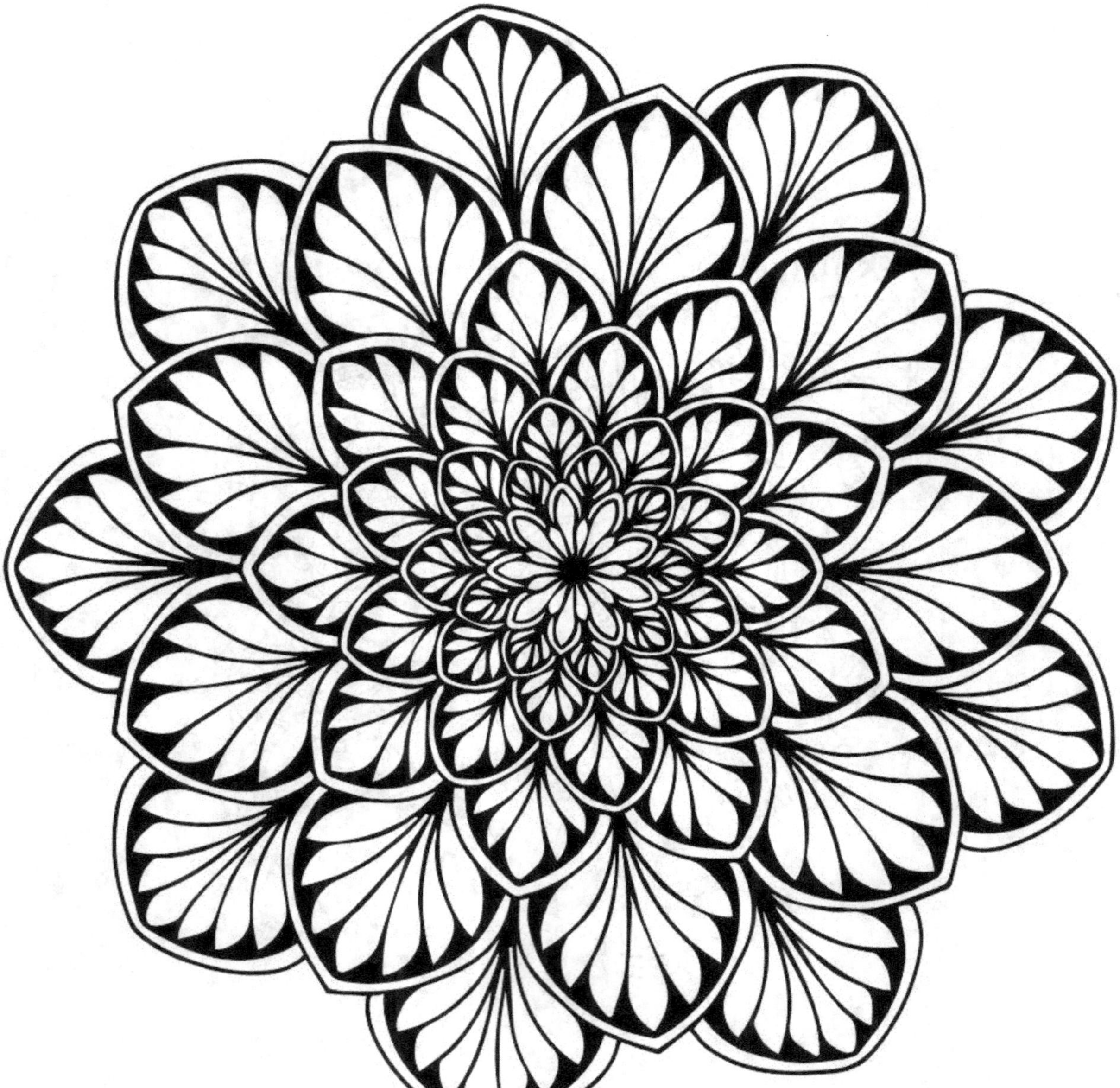

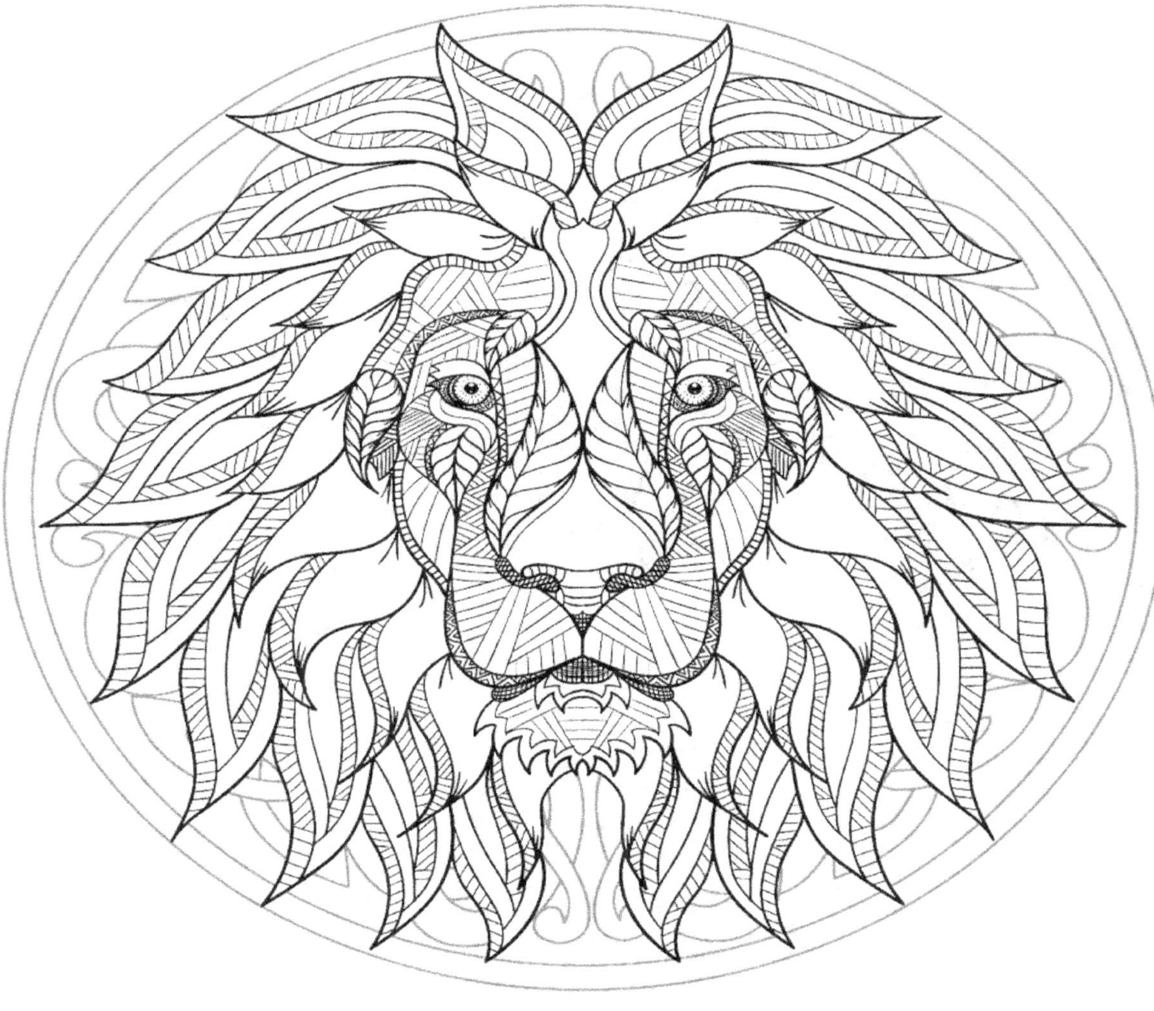

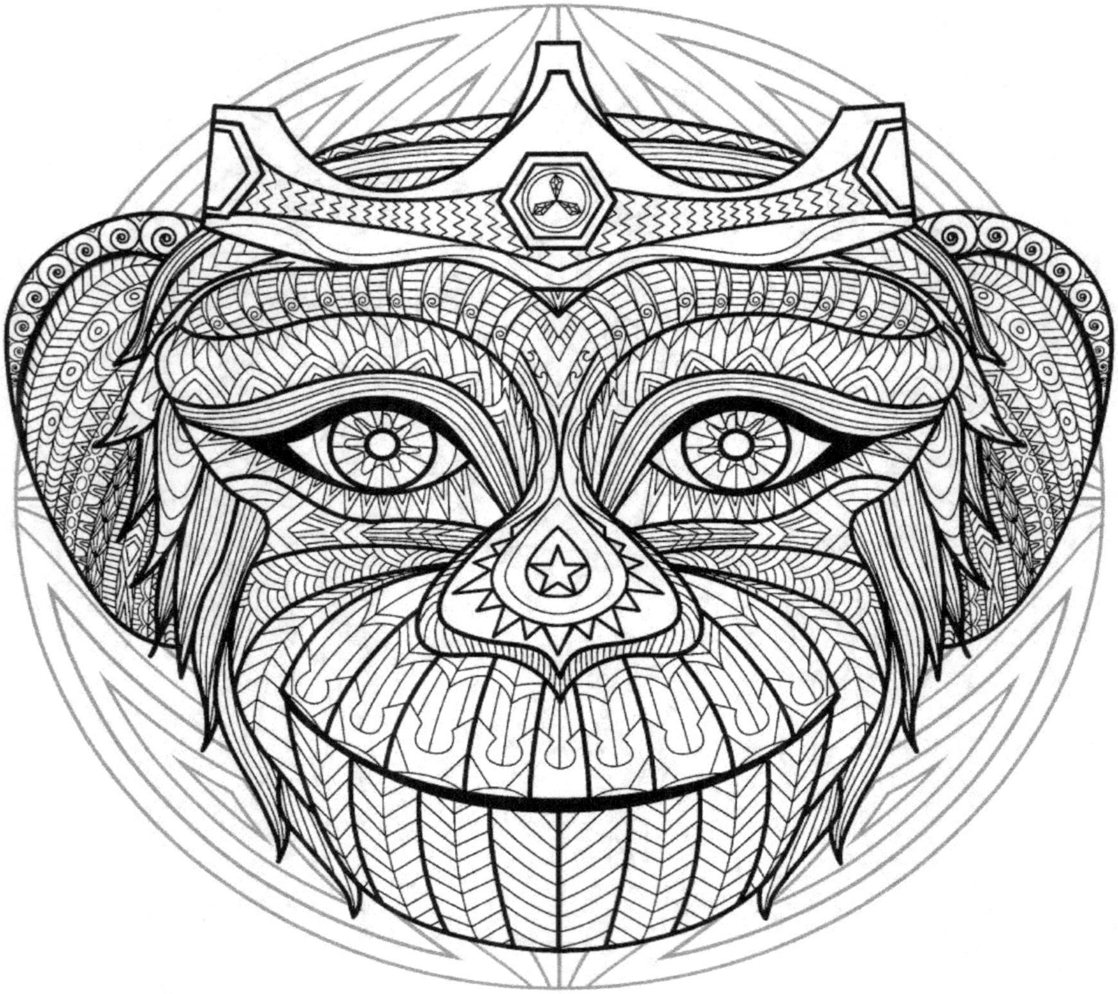

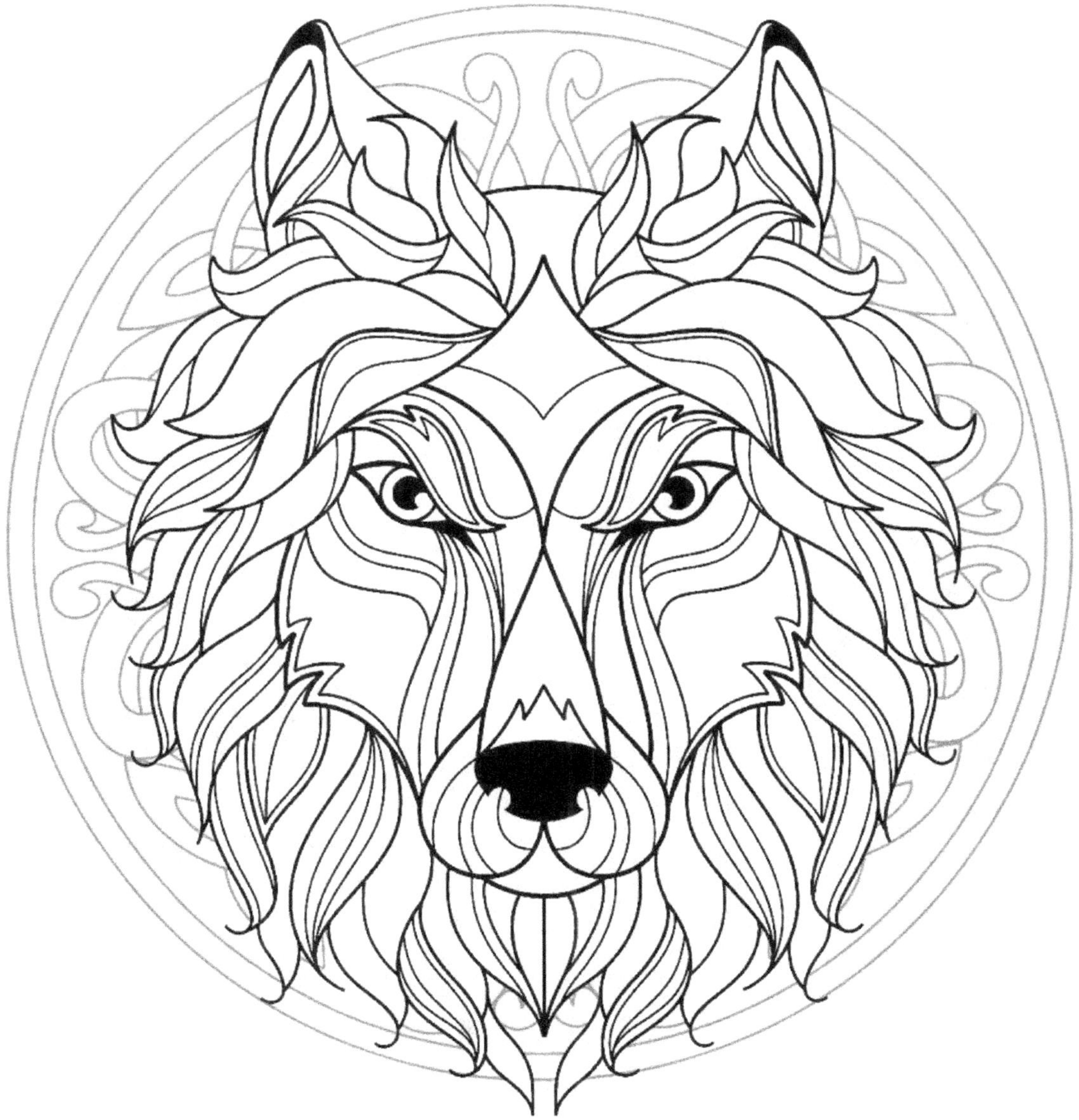

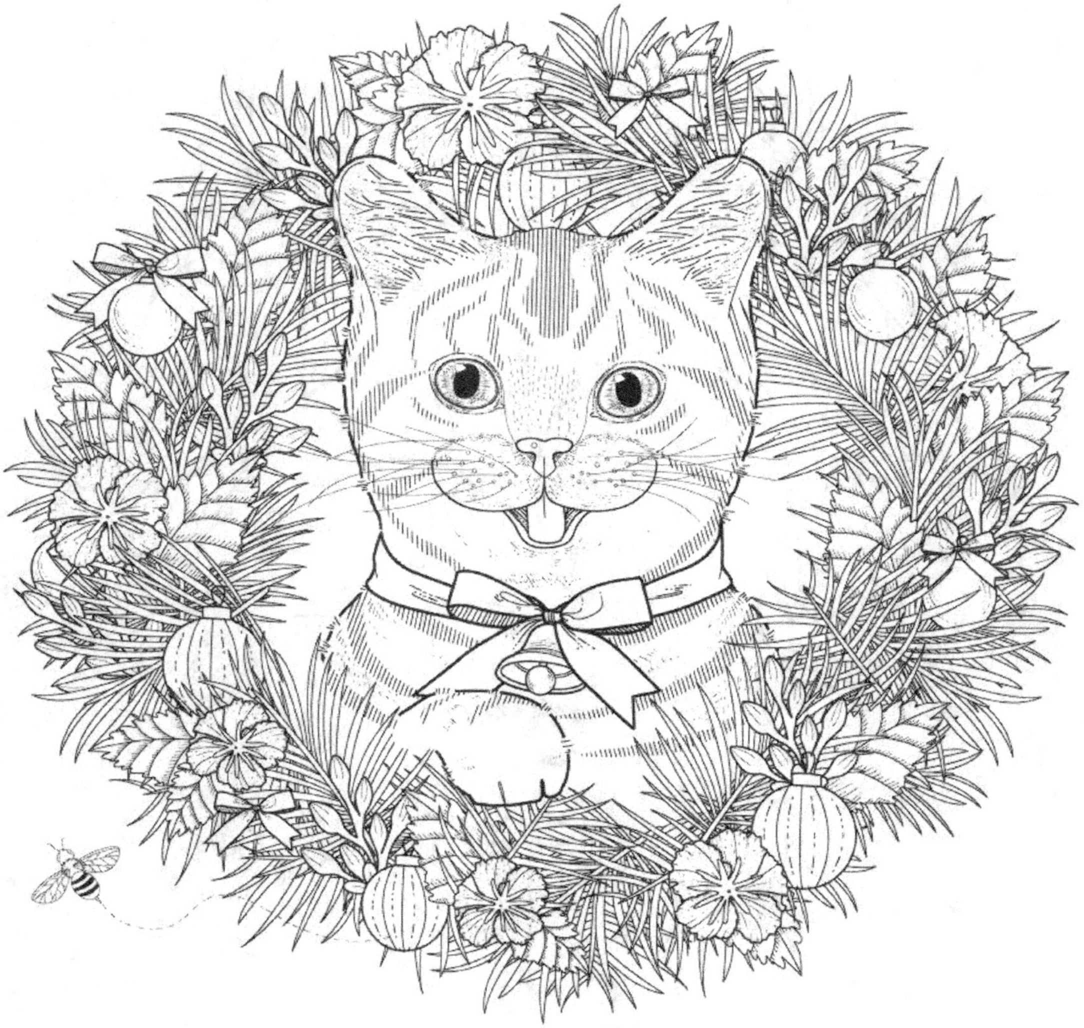

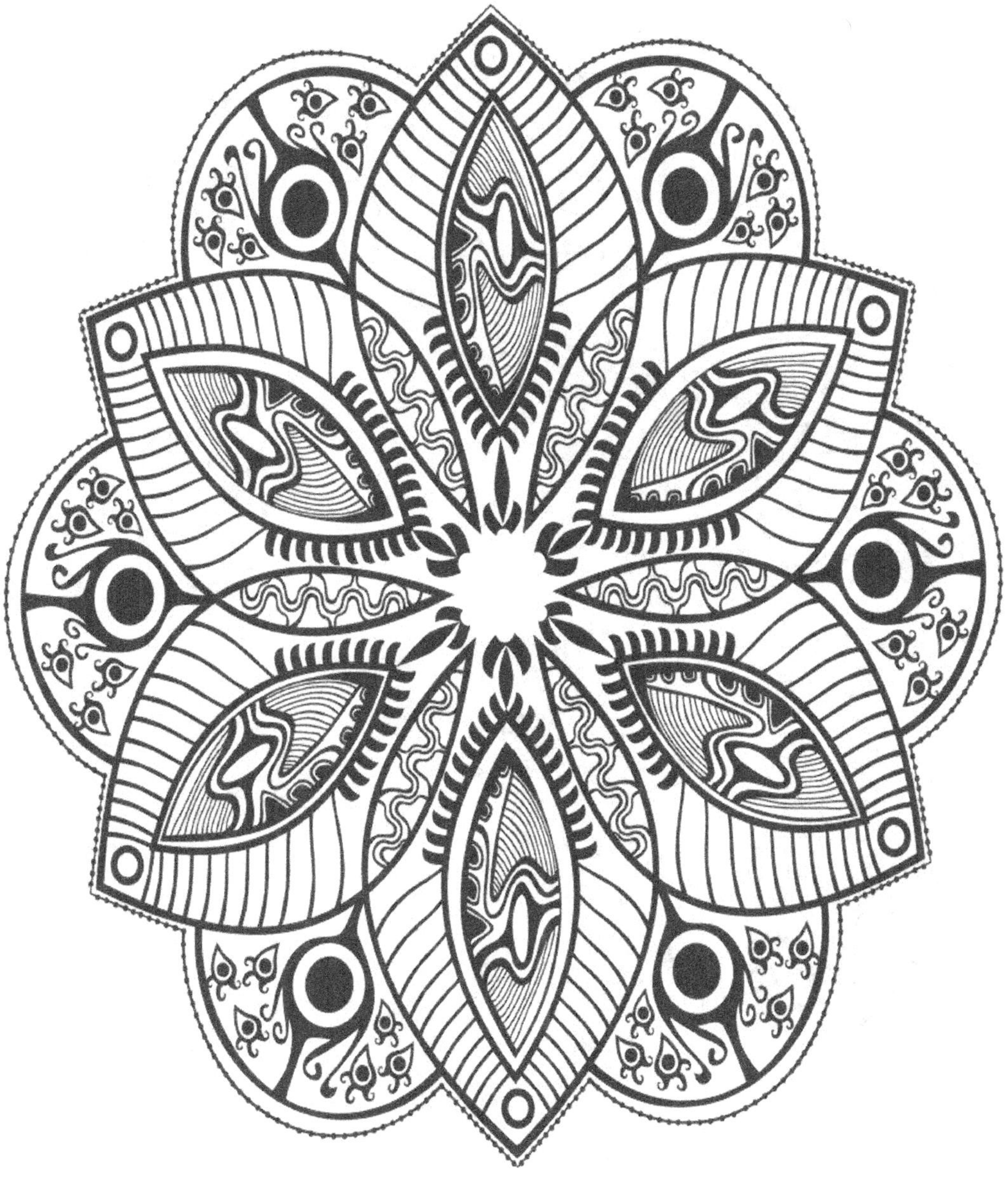

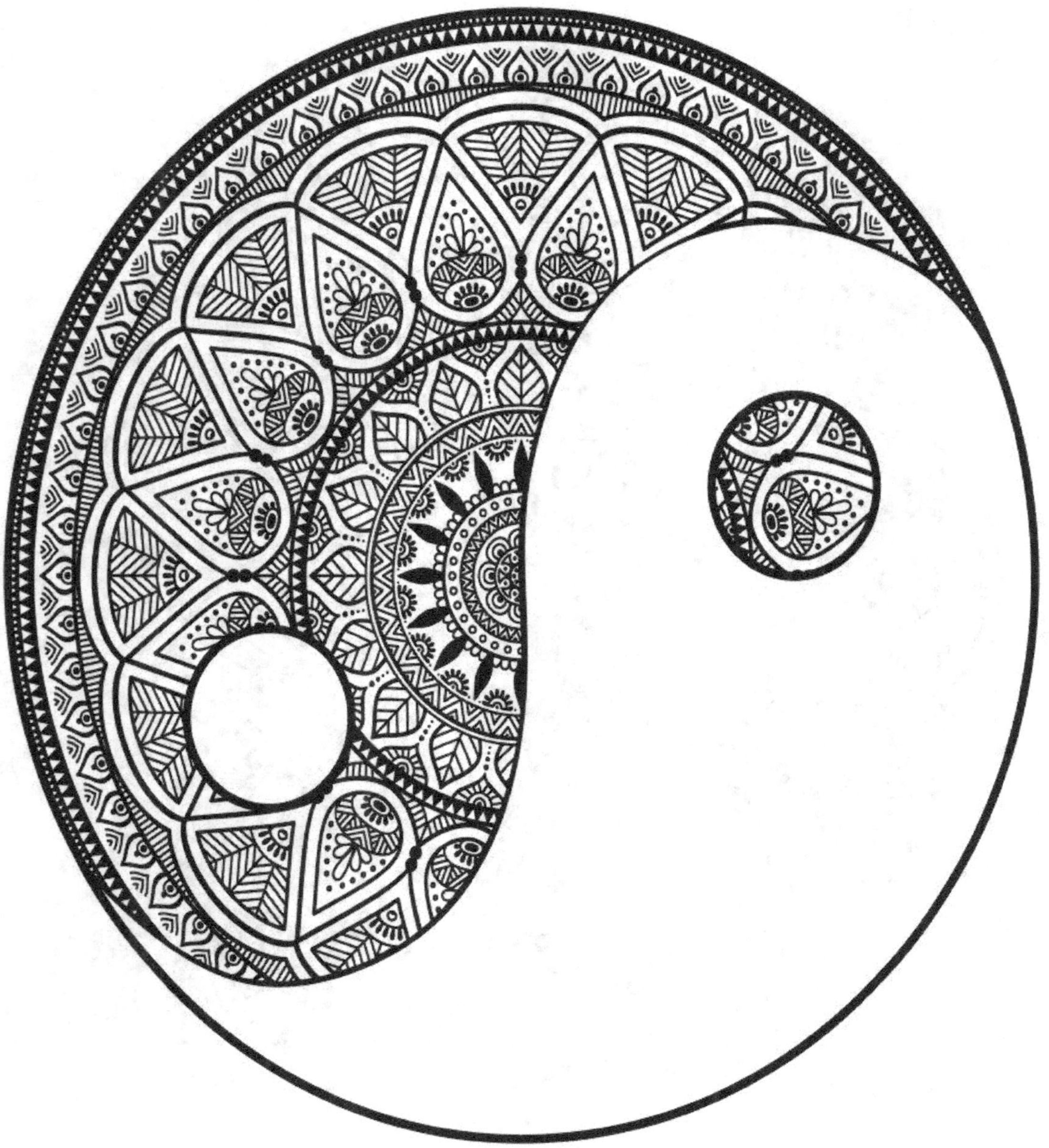

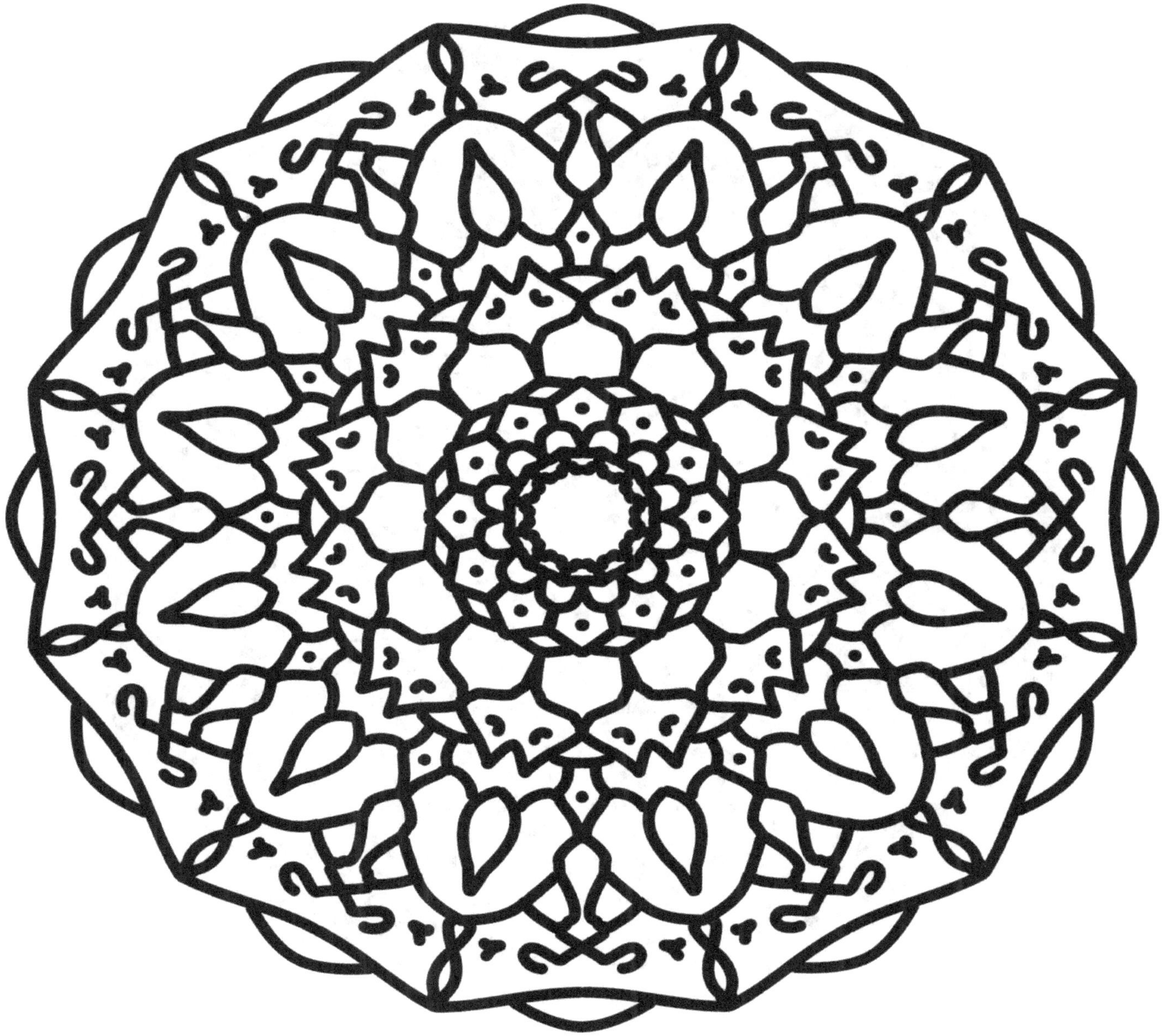

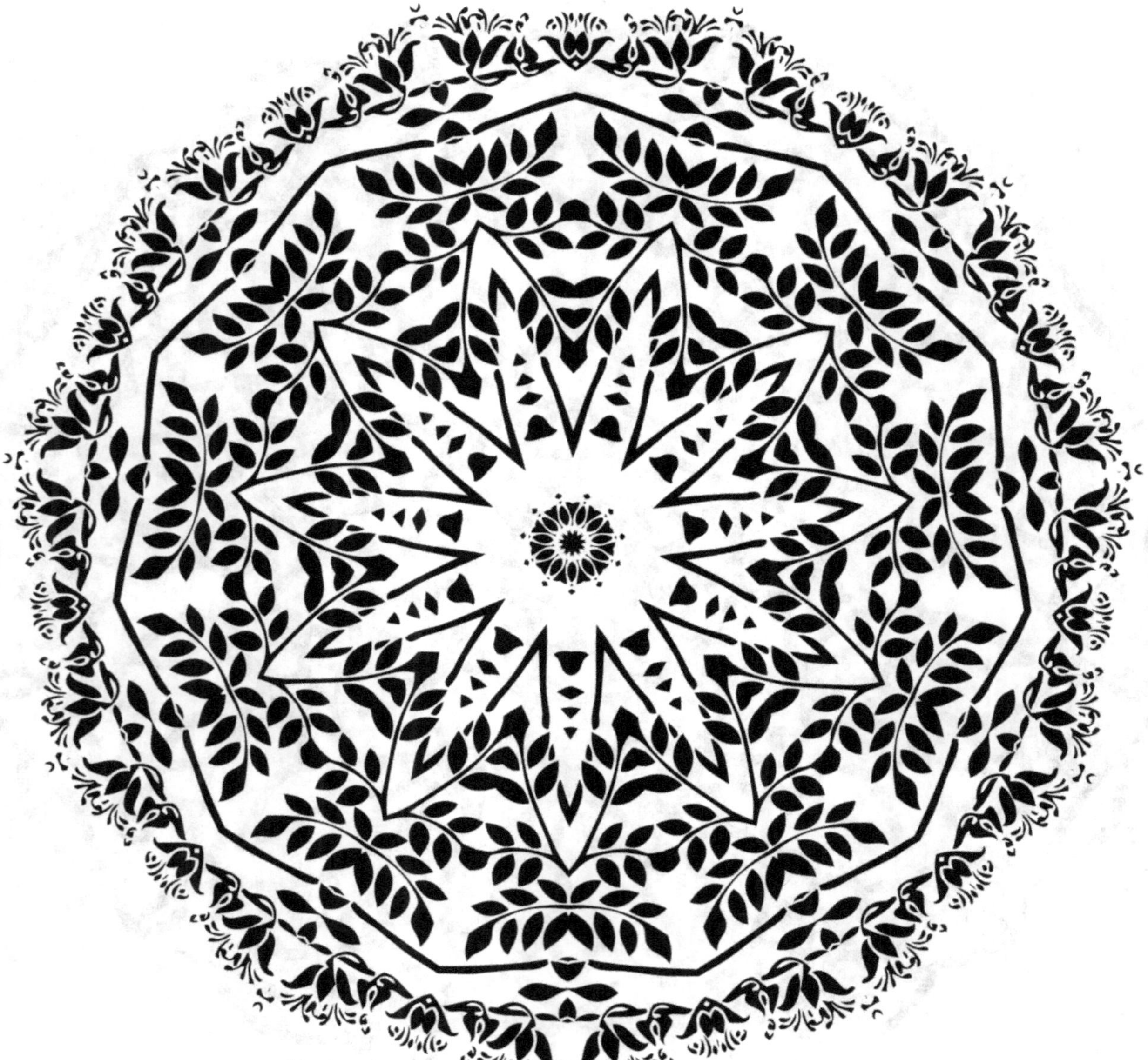

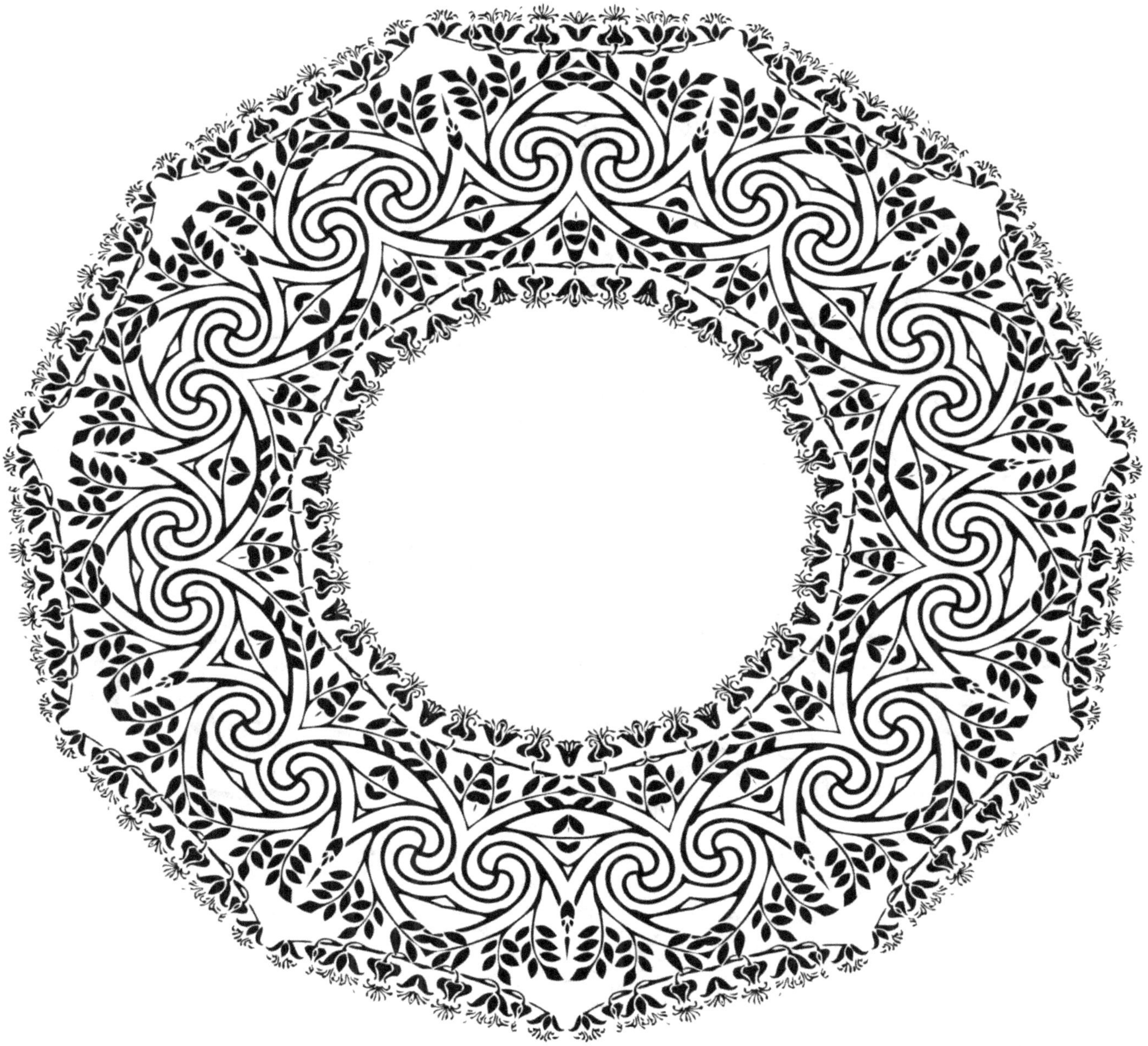

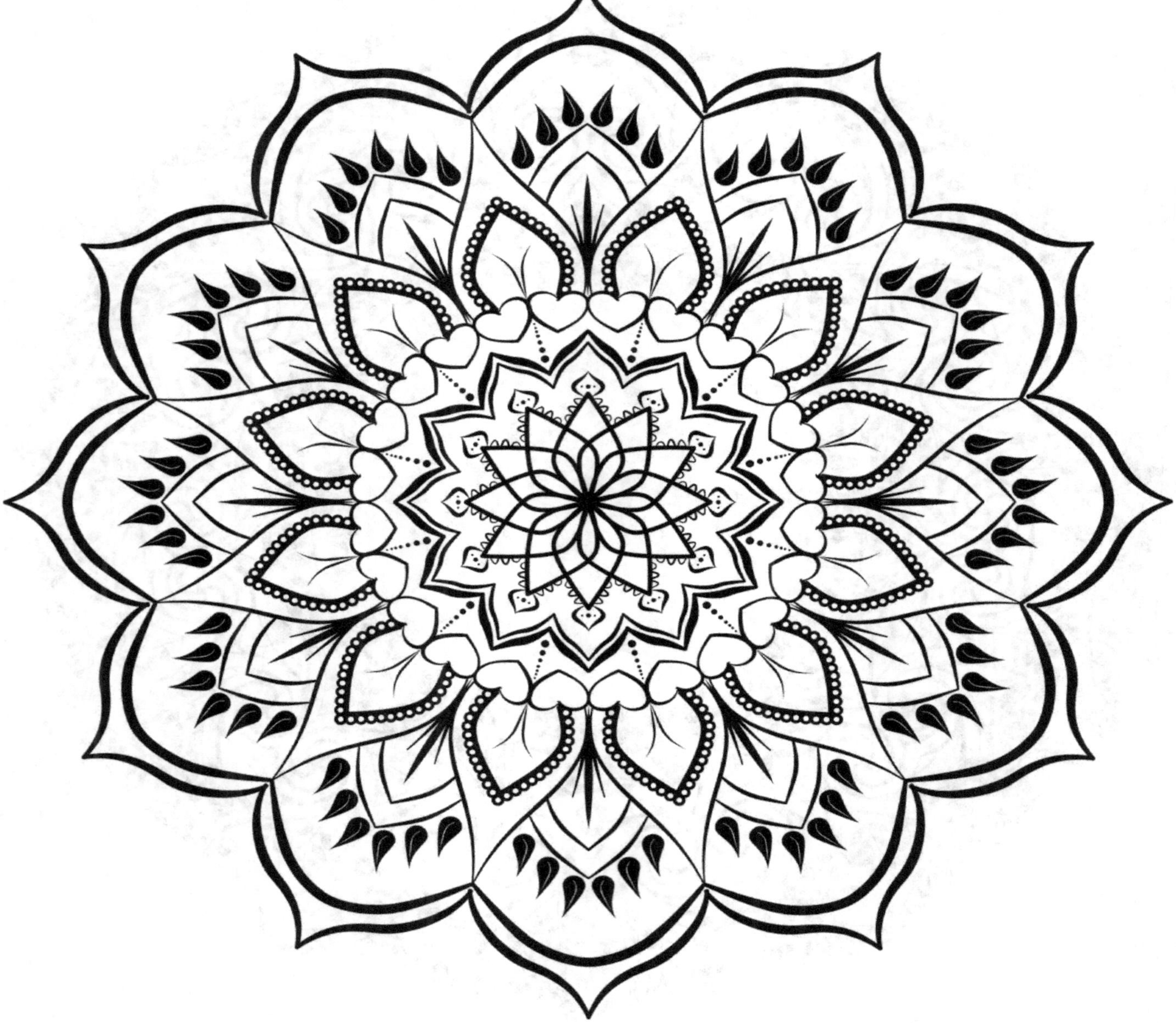

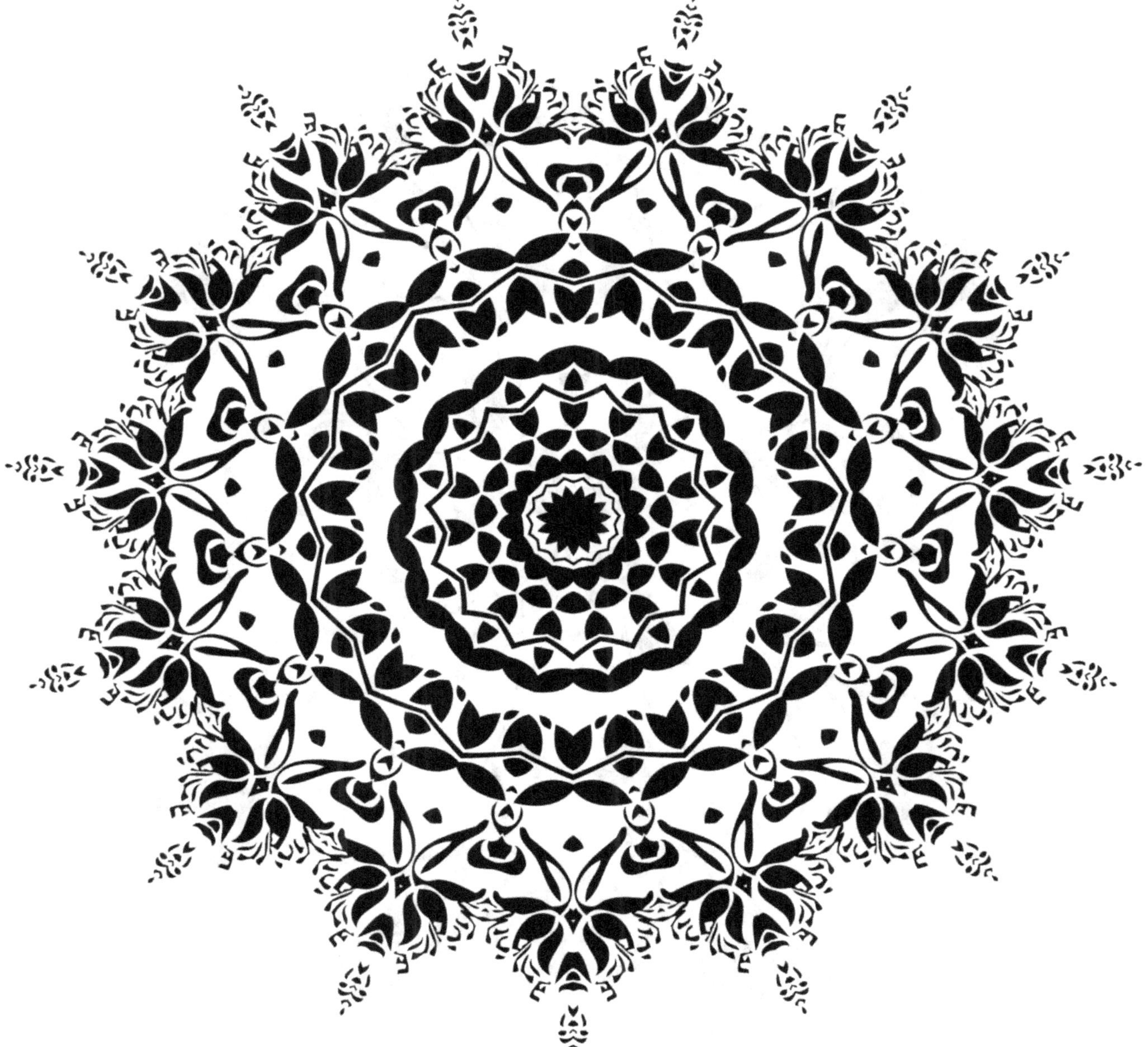

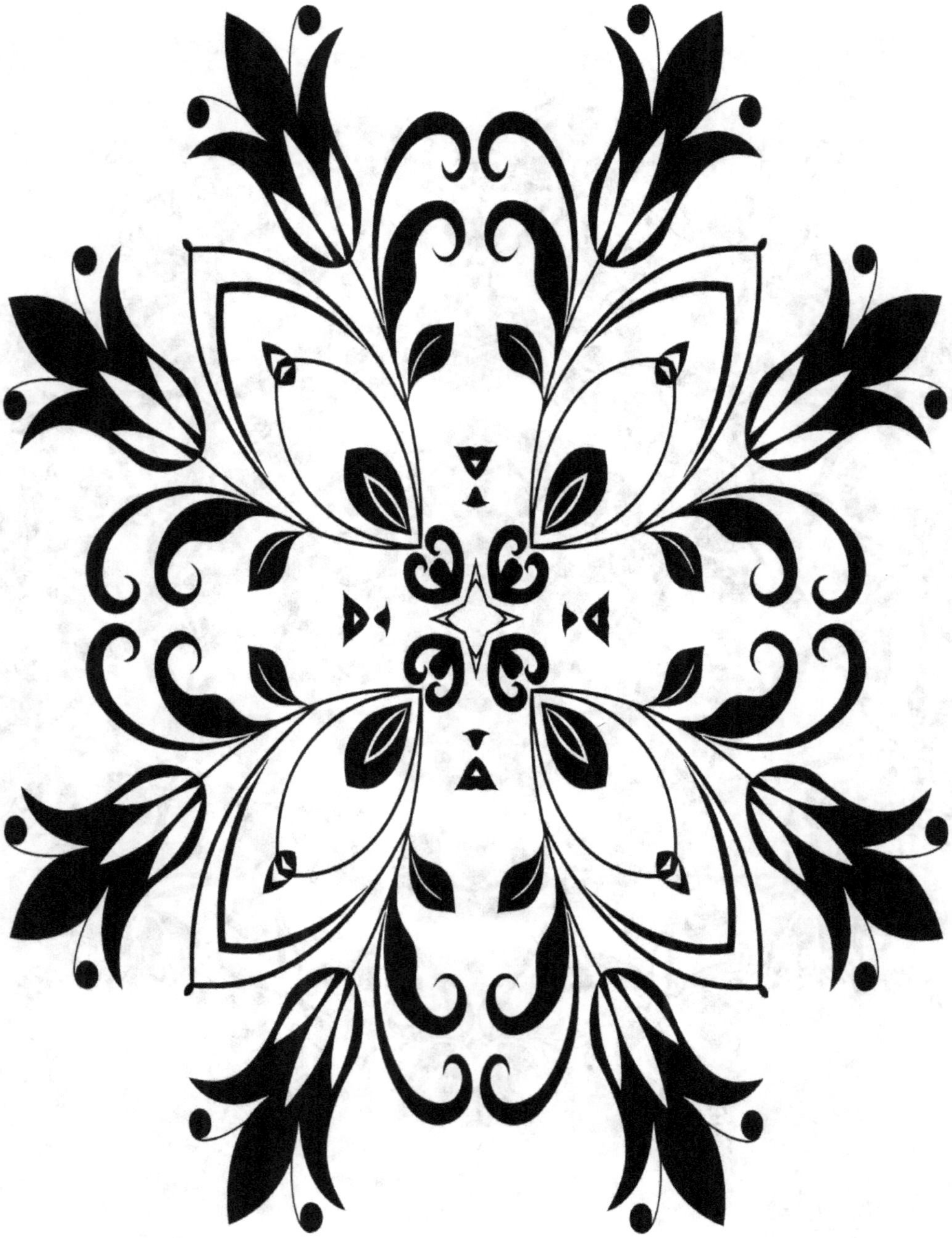

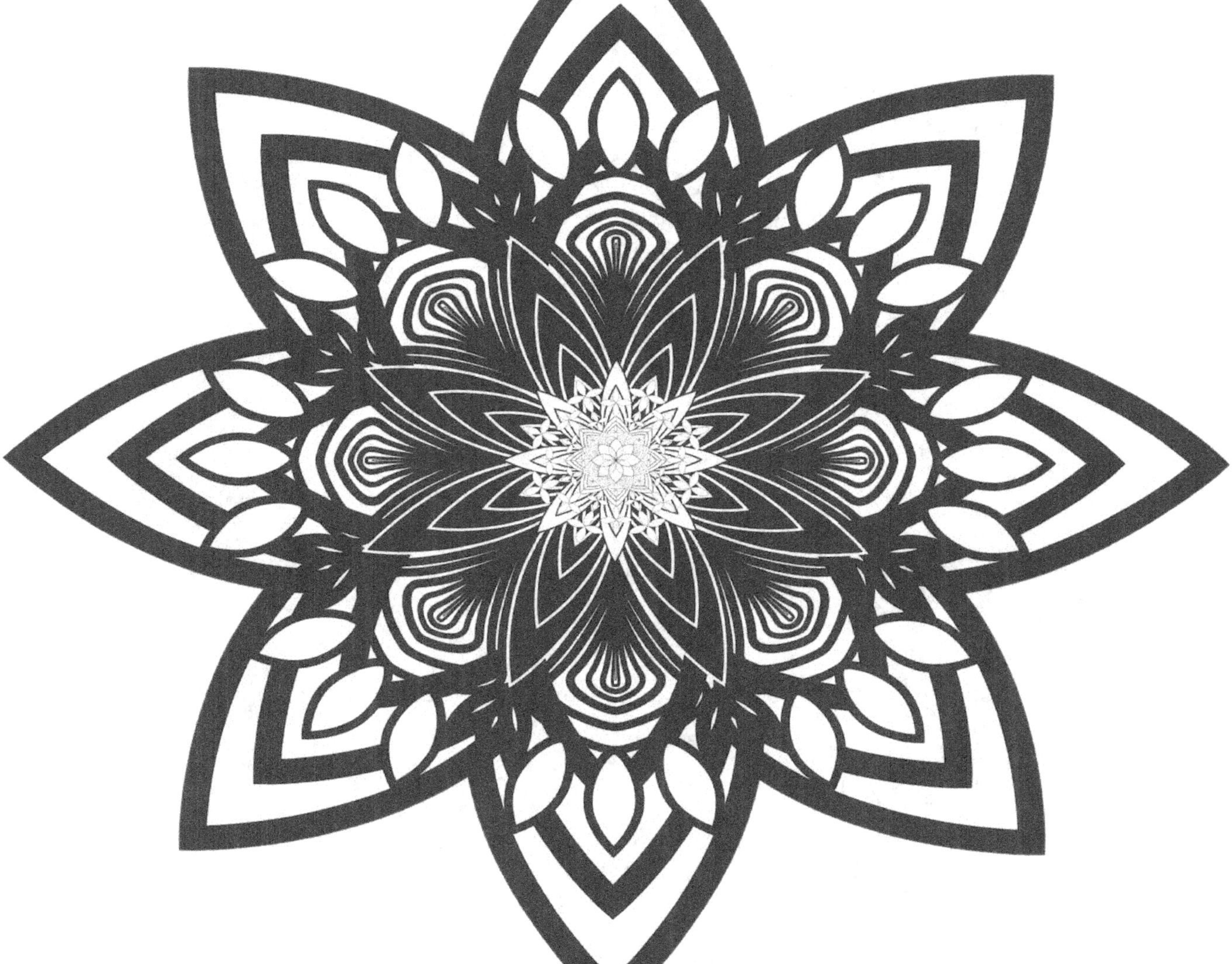

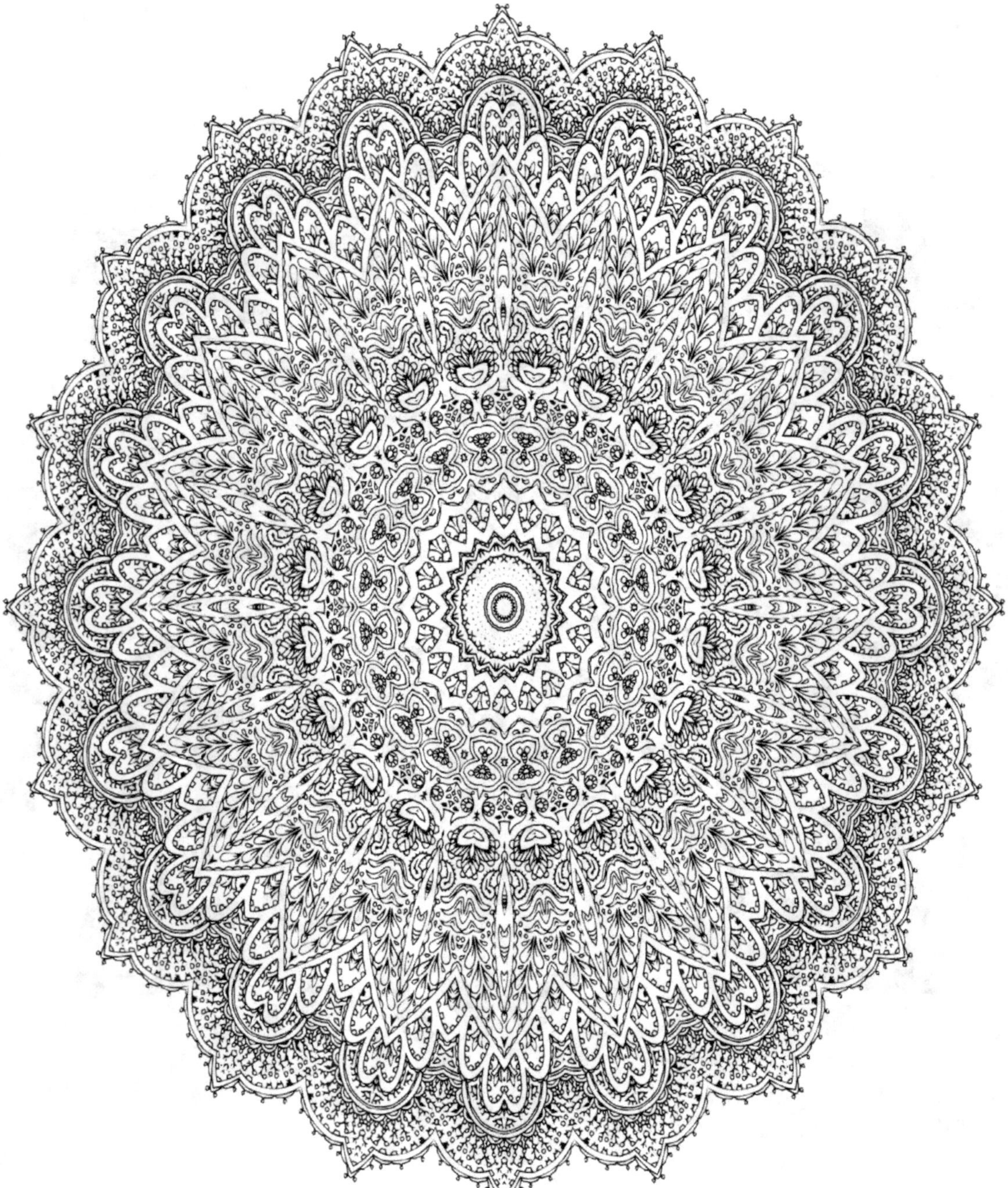

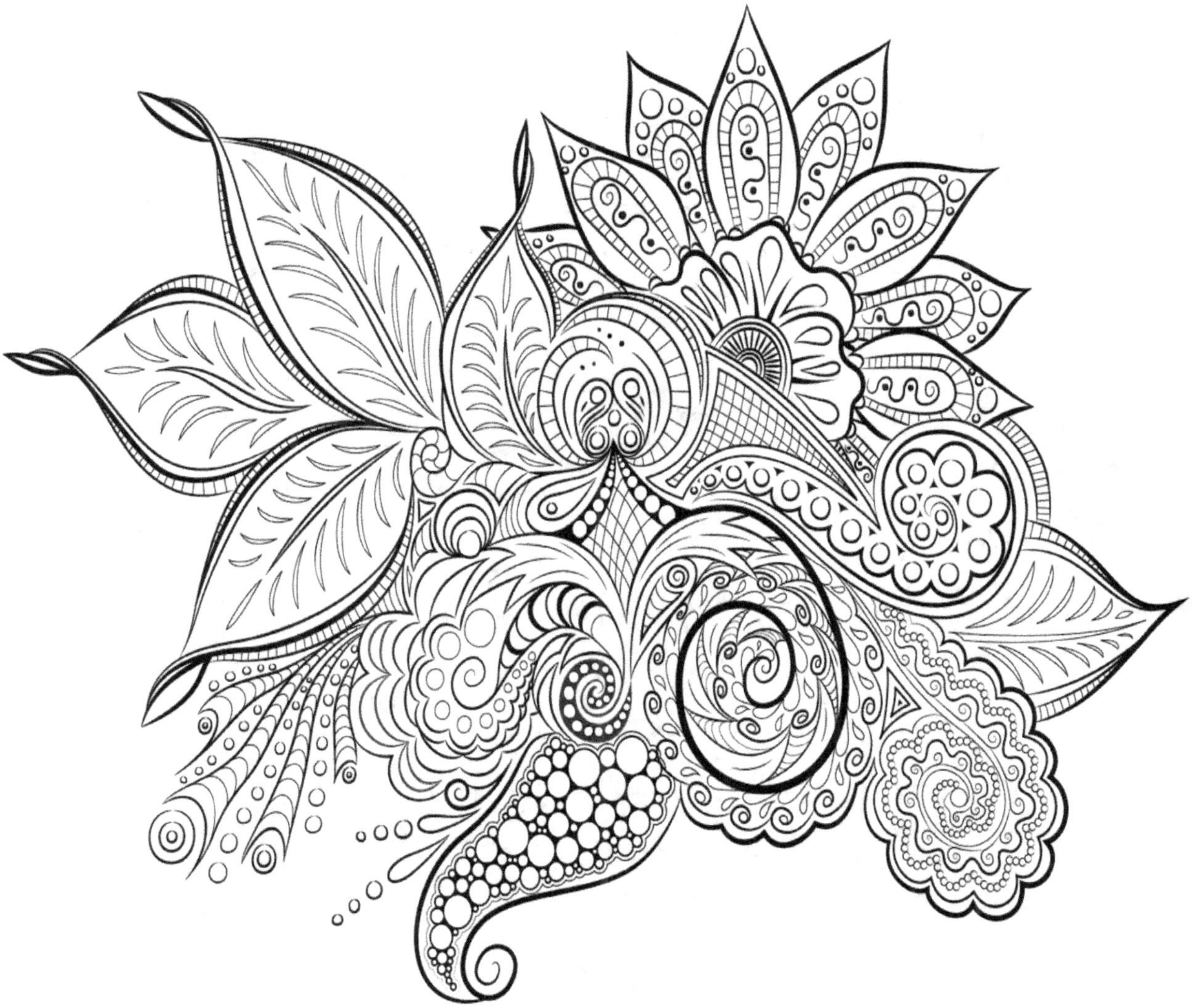

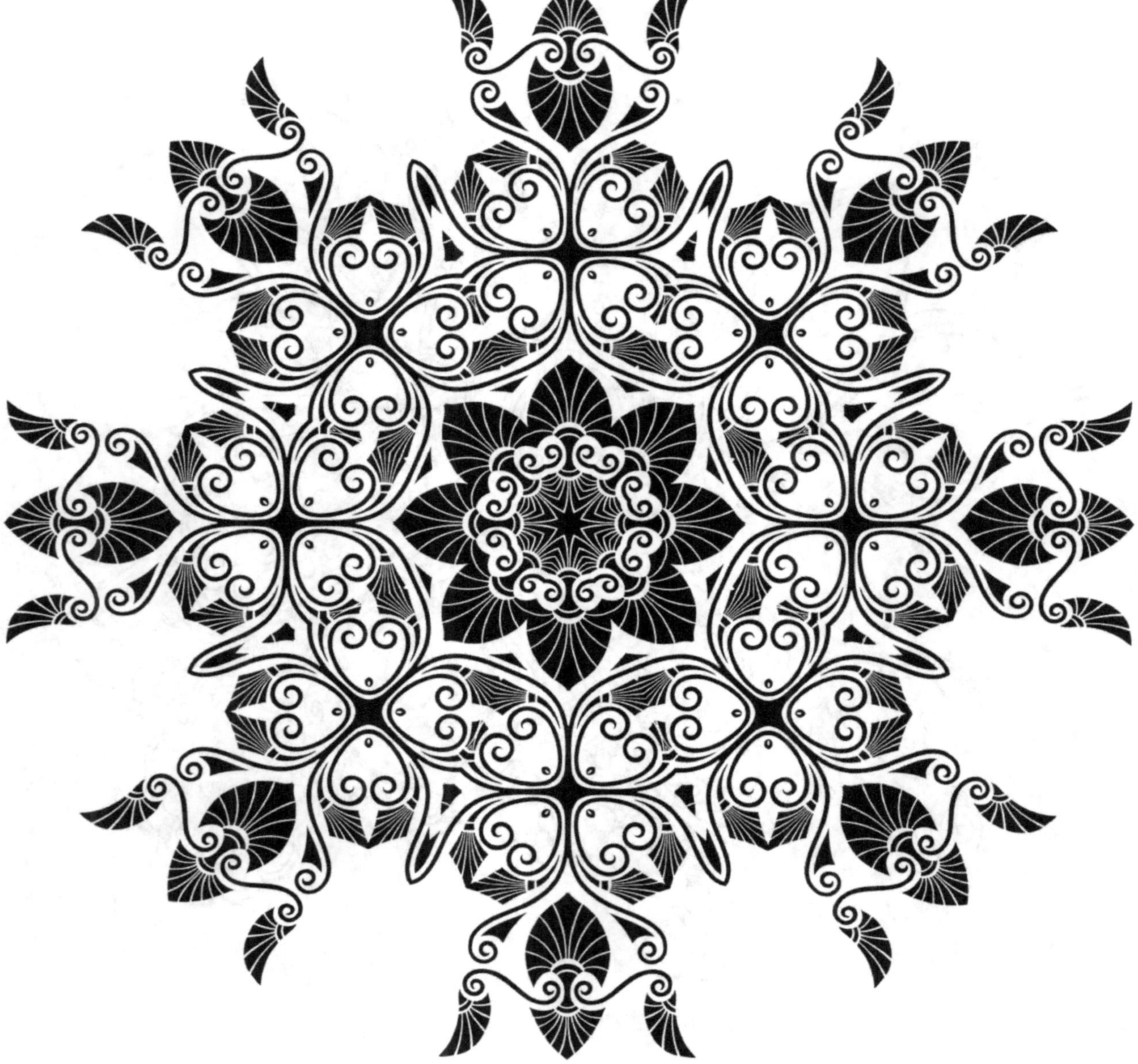

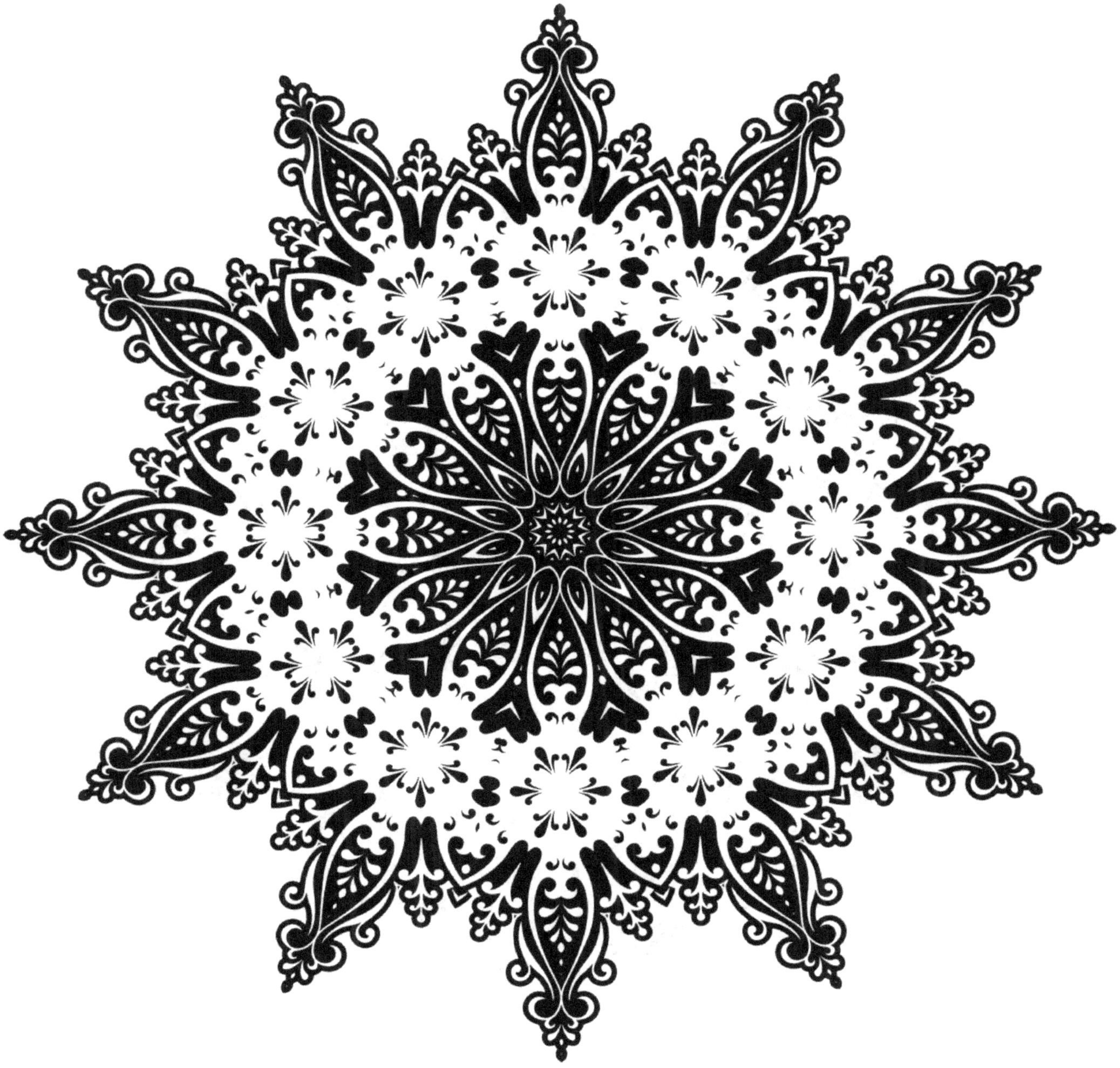

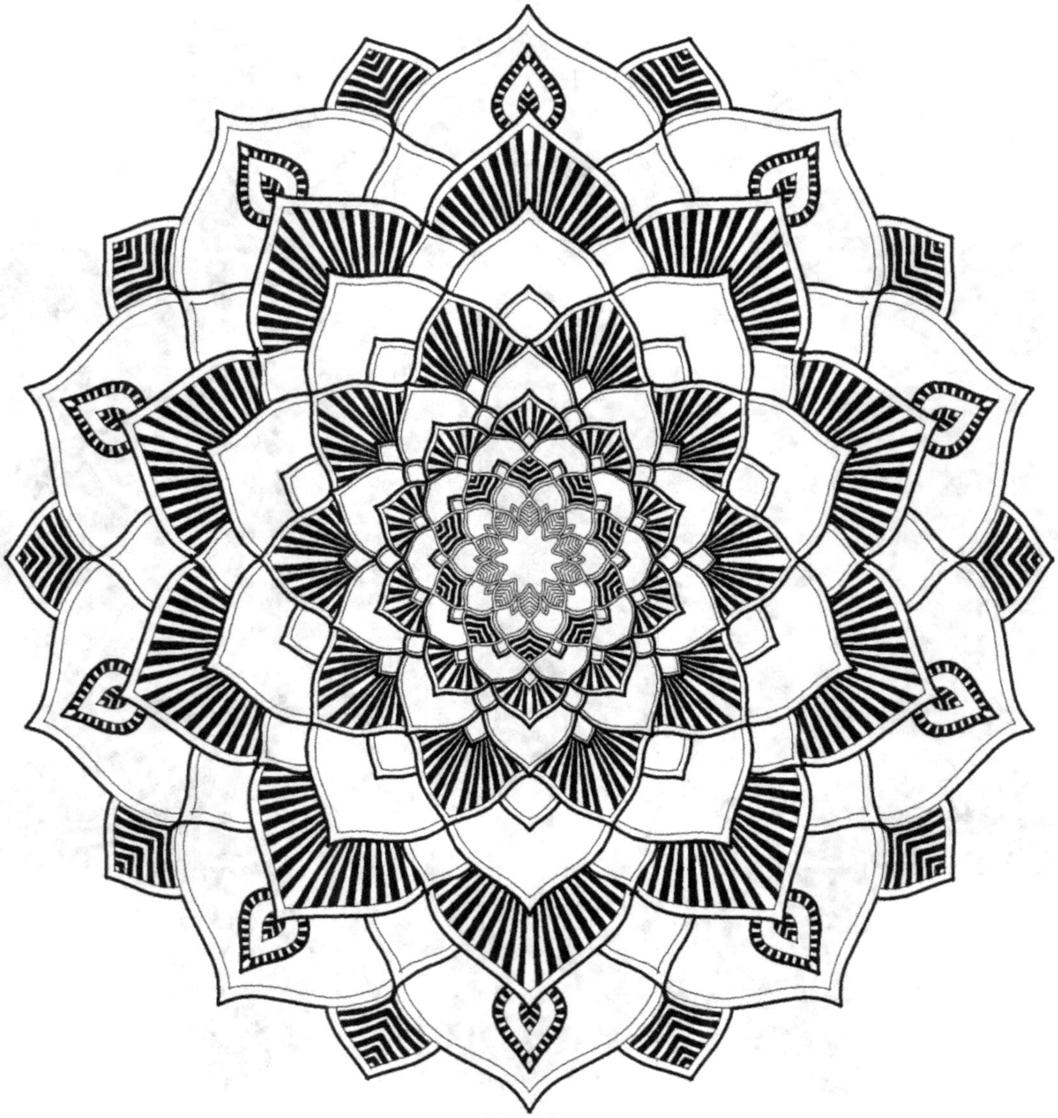

www.ingramcontent.com/pod-product-compliance
Lightning Source LLC
Chambersburg PA
CBHW080603220526
45466CB00010B/3231
* 9 7 9 8 5 6 6 0 6 3 6 9 0 *